OBRERAS ANARQUISTAS Y SOCIEDAD EN TORNO A LA MANO NEGRA

COLOSSUS
21

CALUMNIA
2024

**Legu, kopiu, diskonigu, reverku,
kantu, muzikigu, kriu, recitu
ĉi Libron, Diskonigu la Ideon!**

Llegiu, copieu, difoneu, reescriviu,
canteu, musiqueu, crideu, reciteu
aquest Llibre, Difoneu la Idea!

*Obreras anarquistas y sociedad en torno a La Mano Negra.
Andalucía, fin de siglo*
Texto: Ignacio C. Soriano Jiménez
Edición: Jordi Maíz | Raúl Montilla Torres

Colección Colossus, n. 21, 13x18 cm, 125 p., 2024.

CALUMNIA EDICIONS
info@calumnia-edicions.net

junio de 2024
ISBN 978-84-128279-4-1
DL: PM 00440-2024

[IGNACIO C. SORIANO JIMÉNEZ]

OBRERAS ANARQUISTAS Y SOCIEDAD EN TORNO A LA MANO NEGRA

ANDALUCÍA, FIN DE SIGLO

PRESENTACIÓN

Los Sucesos de La Mano Negra[1] se presentaron desde ángulos diversos en los periódicos del momento. Llegaron al anarquismo cuando este iniciaba un debate entre colectivismo y comunismo anárquico, y esparcieron la semilla de la desconfianza entre ambas corrientes económicas; el primero no defendió lo suficiente a los hostigados; el segundo reivindicó su existencia. Se fraguó, así, la confusión suficiente para perseguir por criminal a una asociación obrera legal, con independencia de la existencia o no de hermandades secretas. Al llenarse las cárceles, en marzo de 1883, y tras sumir en la miseria a cientos de familias, la prensa señaló que era necesario distinguir entre personas iluminadas, facinerosas y asustadas. Para entonces, la represión había realizado su cometido sobre la *barbarie socialista*.

Puesto que, en lo ya publicado, se puede averiguar lo más relevante sobre La Mano Negra, señalaremos aquí una serie de campos vitales menos investigados, y las repercusiones que tuvo sobre ellos la represión: el primero refiere el asociacionismo femenino; el segundo se detiene en la cualidad humana de quienes integraban las secciones obreras, lo que repercutía en las relaciones familiares y, por ende, en la situación de las mujeres; el tercero abarca la instrucción; y el último señala el surgimiento de la sociedad civil moderna. Son aspectos relacionados con el librepensamiento del último tercio del siglo XIX, los cuales corren de la mano de los colectivos progresistas en las regiones de España y que, en Andalucía, según señalara el notario de Bujalance [1929], están impulsados con brío por el anarquismo.

Ángel Pestaña [1920] afirmaba hace un siglo que el asociacionismo obrero era el elemento que más había laborado por la emancipación femenina. Los estudios actuales sobre feminismo en Andalucía —V. Chacón & T. Terrón [2021] los analizan— apuntan a que las actitudes feministas están presentes en la cotidianeidad de sus capas populares del siglo XIX. Nuestro trabajo enfoca en esa dirección, en el sentido de no considerar primordial o único el estímulo de mujeres de clase media alta en esta emancipación. Aunque diferimos en que las relaciones entre mujeres están «por encima de cualquier signo de clase, religiosidad o poder»; ello puede ser así con las libres, pero resulta claro que las obreras conscientes se sienten alejadas de las burguesas que las emplean, y rechazan sus prácticas, al igual que hacen con las religiosas, no en vano se mueven en el ámbito de sociedades de resistencia.

La instrucción de las clases populares es un asunto primordial en el último tercio del siglo XIX. Progreso personal y social. Aumentan los centros laicos, pero no debe desdeñarse la función de las escuelas dominicales de la Iglesia, dirigidas a las obreras de 12 a 30 años, en especial a las sirvientas, tal como sucede en las 4 de Almería, las 6 de Córdoba o en Jerez, atendidas por distinguidas damas y señoritas de la buena sociedad. El anarquismo vincula la salida de la ignorancia con la emancipación social.

La sociedad civil se ve sacudida estos años por el librepensamiento, que desea liberarla del yugo de la Iglesia y, de paso, privarle de una fuente de ingresos. La actividad social religiosa es ahora un modo de control de las personas desde que ven la luz hasta que expiran y, si procede, en el matrimonio —su influencia es tal que la mayoría de encarcelamientos por delito de imprenta en la prensa anarquista es por injurias a la religión—. Un paso importante para ello es la apertura de los registros civiles en 1870, si bien su práctica es lenta, tanto que en la década del 80 no se conoce en muchas localidades. Anarquistas, republicanos, masones o espiritistas los inician, no sin vencer la resistencia de las autoridades, apoyada por la Iglesia. De nuevo, el colectivismo se encarga de diseminarlo, sobre todo en las poblaciones menores.

Damos por sentado el carácter apolítico de los movimientos aquí referidos —existe también la corriente del socialismo autoritario, tal en Sevilla y Málaga; la de armonía de capital y trabajo, con los círculos de obreros católicos, así el de Córdoba, Baena, Montoro, La Rambla o Jerez—. Con frecuencia, los textos colectivistas comentan la decepción que sufre el obrerismo andaluz de las experiencias republicanas de 1873, lo que inclina la balanza al anarquismo en la década del 80. Pero al desear modernizarse, *progresar*, acceder al banquete de la vida, se topan con una estructura social vetusta, que los expele, según muestra Gutiérrez Molina [2002].

[01]

CONTEXTO: 1881-1884

De sobra es conocida La Mano Negra, surgida en plena efervescencia europea por el asunto de la cuestión social. Sucesos que se inician en el otoño de 1882, se desarrollan en los primeros meses de 1883 —hacia febrero aparece esta expresión en la prensa— y se juzgan en junio, lo que lleva al asesinato legal de 7 federados a garrote vil un año después, y dejan huella en lo venidero con numerosas familias afligidas por encarcelamientos colectivos —en 1903 se cambia la celda por el destierro para los 8 últimos— y decenas de centros obreros desorganizados. Puede que se acerque a 6000 el número de detenciones, de ellos unos 500 deportados. Se extiende, sobre todo, en la zona suroeste de Andalucía, centrada en la comarca de Arcos y Jerez de la Frontera (Cádiz), donde se monta una Audiencia especial, y Cádiz, pero se pueblan las cárceles de muchos otros lugares de Sevilla, Córdoba, Granada, Huelva o Málaga.

Las condiciones en las que se desarrolla son inherentes a la zona en esa época: latifundio, industria escasa, sequías recurrentes, reacciones campesinas ante la privatización de bienes comunales, epidemias, jornadas extenuantes, refuerzos militaristas, jornales de miseria, alojamientos, mendicidad, migración, autoridades despóticas (con sus excepciones[1]), tradicionalismo religioso, servidumbre de las mujeres, oposición republicana al anarquismo, bandoleros rehabilitados como apeadores, arreadores, capataces, manijeros o guardas de fincas, falta de instrucción, filoxera, mortalidad infantil, crímenes pasionales, etc. El objetivo es cortar de raíz la asociación obrera naciente, Federación de Trabajadores de la Región Española (FTRE), con el lema Federación, Anarquía y Colectivismo, en expansión constante desde su creación; desde septiembre de 1881 llega de 0 a 59000 afiliados —38000 son de las comarcas andaluzas— en el Congreso de Sevilla de septiembre de 1882.

La actitud de la burguesía ante esta expansión es despedir a quienes están asociados; ello suscita el apoyo obrero, lo que suele terminar en cierre patronal, más los abusos en el campo —en diciembre de 1882 se calcula en más de 3500 las personas afiliadas en huelga, que se elevan a 14000 con las de paro forzoso y las perseguidas—; esta situación la puede sostener la FTRE gracias a la aportación de las secciones —la Comisión Federal calcula que en el primer año económico se recaudan cerca de 500000 pesetas—. Así pues, las autoridades tratan de cortar el sustento de la FTRE: la solidaridad[2], que provee necesidades, además de apoyo moral y de pertenencia al grupo humano; encarcelar a la militancia consciente, cerrar los centros obreros es cercenar el flujo que permite esta fraternidad.

La estrategia consiste en inventar una asociación a la que se hace responsable de los incendios, robos y asesinatos que se producen cotidianamente, y sembrar el descrédito de quienes sacrifican su tranquilidad en pro de la Revolución Social (que es lo que asusta). La burguesía, la «gran bestia», argumenta que la gente andaluza es derrochadora y no previsora; que, en el trabajo, disfruta *amolando* al amo; que no acepta las herramientas novedosas; que alberga cada vez mayor animosidad hacia la gente pudiente. De ahí hay un paso a fraguar una organización criminal de «pobres honrados contra sus ladrones y verdugos».

Está, además, la Anarquía, que destruye la sociedad, según la reacción. Incluso el republicanismo federal pactista —lo da por hecho el conservador y el fusionista—, con el que la FTRE comparte locales y escuelas, termina por expulsar las asociaciones colectivistas y obrar para su erradicación.

Las comisiones de propaganda son activas desde el otoño de 1881 para extender la FTRE, en especial la de la Unión de trabajadores del Campo, y otras locales, tal la de Sevilla en su comarca; asimismo, la de Arriate en la serranía de Ronda; y las de Ubrique, Arahal, Setenil, Puerto Serrano, Coronil, Antequera o Carmona. Su eficacia saltaba a la vista, por lo que desde agosto de 1882 la prensa colectivista avisa del peligro de que las autoridades aprovechen la situación de penuria para provocar a las secciones y acusarlas de desórdenes.

La prensa burguesa de la época (con sus excepciones), aunque señala la situación social, difunde la versión oficial de la existencia de la asociación secreta La Mano Negra, en modo noticierismo, método de replicación idóneo para la venta de periódicos que sacia la avidez del público crédulo —«¿Quién lee las delicadas creaciones de los novelistas, cuando á todas horas y por pocos céntimos pueden proporcionarse lectura palpitante de horror?», escribe *Diario de Córdoba* (11/03/1883)—.

Había material de sobra con la declaración de las continuas detenciones y los traslados a pie o en tren, bajo grilletes, de jornaleros. Ya en 1883 se publican 6 volúmenes de dichos procesos.

A la imputación al anarquismo de estos desórdenes sociales ayuda el que en esos años se inicia la corriente comunista anarquista, agrupada en Los Desheredados, con su revista *La Revolución Social*, que considera inoperantes los caminos legales de las sociedades obreras y se inclina por la propagación de métodos revolucionarios —no comulgan con el «pobre, pero honrado»—. Ello lleva a una división interna del movimiento, que contribuye a su pérdida de impacto, ya presente en 1883; por ejemplo, en Churriana (Málaga), los 500 afiliados a la FTRE han descendido a 72 en marzo (y 14 no se libran de la detención).

La mano negra es expresión utilizada con frecuencia en la segunda mitad del siglo XIX, bien en medios progresistas bien en conservadores, para motejarse; es la mano negra de quienes desean subvertir el orden establecido o, por el contrario, la mano negra de la reacción. Con independencia de lo tosco de la trama de 1882-1883 —documentos bajo piedras, conjuras, secretos, etc.—, el elevarlo a Organización, el ponerle mayúsculas implicaba una intención de rango alto. Ya en

1878, un juez de Jerez presenta un documento con el título de *La mano negra* para implicar a unos obreros detenidos. Ahora es distinto, el cabo de la guardia civil de Montellano (Sevilla), considerado honesto y humano por los asociados del Centro Obrero, les advierte de lo que les sucederá, pues «el Gobierno ha mandado disolver todas las Sociedades obreras»; y en Vélez-Málaga apostillan que «no parece sino que se *busca algo.* Los trabajadores están avisados». Y no puede olvidarse que es entonces cuando el Gobierno pone dinero para la creación de la Comisión de Reformas Sociales.

Revista Social —Sevilla[3] recibe 5000 ejemplares en octubre de 1882; por entonces cuenta con 53 secciones y 6000 federados— es pródiga en narrar el día a día: intemperancias de burgueses y sus lacayos en El Arahal (Sevilla); detención arbitraria de 8 trabajadores de Arriate (Málaga); en Espartina (Sevilla) no hay faenas, abunda el hambre, el malestar es irresistible; en Jerez, ¡poco trabajo, mucha guardia civil...!; en Lebrija (Sevilla), los capataces niegan los escasos jornales de la viña a quienes se federan, al igual que los de Tesorillo (Cádiz), feudo privado del marqués de Larios; también lo son los mayordomos de las fábricas; en Loja (Granada), los políticos se cuidan de que no se organicen las secciones de oficio; traslados de presos para alejarlos de su entorno; en Granada, el burgués sombrerero Antonio Muñoz expulsa a 2 trabajadores por estar asociados, ¡ah, y les cobra el agua que beben! Suma y sigue en 1883... Atila a las puertas de Roma.

La *Crónica de los Trabajadores de la Región Española* (*Crónica de TRE*), órgano de la Comisión Federal (CF) de la FTRE, publica en enero de 1883 una Declaración en la que denuncia las infamias que se cometen contra el obrerismo, y en marzo nombra la expresión La Mano Negra. En sus páginas puede verse que la FTRE pasa de 59 000 asociados en septiembre de 1882 a más de 70 000 en pocos meses, lo cual se merma a 50 000 en octubre de 1883, tras más de 150 atropellos contabilizados en esta tierra.

[02]

ASOCIACIONES DE OBRERAS ANARQUISTAS

Estamos ante la mujer de 1880, conculcada en derechos, con escasa autonomía, sin apenas acceso a la cultura. La generalidad de mujeres obreras se encuentra ahora en el primer estadio del *darse cuenta*: concebir que la situación precaria en la que se hallan no es natural ni está diseñada por la divinidad, sino que es fruto de la organización social, la cual puede subvertirse con la asociación y con la desfanatización religiosa. La mujer considera que su espacio es el hogar y protesta al ser obligada a trabajar fuera de él, «donde ni tu sexo ni tu delicadeza lo permiten»[1]; aunque ya se vislumbran signos de rebeldía ante la esclavitud a la que le somete el compañero (padre, marido, hijo) y la organización patriarcal, y se afirma «que la mujer es tan útil como el hombre para el desempeño de todas las funciones sociales»[2]. Lejos queda aún un segundo estadio en el que se tiene conciencia de su valía, independiente del hombre. Y más lejos queda la conciencia personal propia, no sujeta a la maternidad, la reivindicación del cuerpo y de la salud, y la consideración de lo privado como político.

En la travesía de la segunda parte de la década de 1870 se anulan las primeras asociaciones obreras internacionales femeninas de Andalucía. En Cádiz, la Sección Varia de Mujeres forma parte de la Federación Local en 1873. Año que en Sanlúcar de Barrameda (Cádiz) se constituye la Sección de Mujeres, entre 1215 federados, que «envía un fraternal saludo á todos los obreros y obreras del mundo y nos dice pronto publicará un manifiesto», dicha Sección de Trabajadoras acude a una manifestación el 24 de abril, con una bandera roja con el lema "No más derechos sin deberes". En Carmona (Sevilla), las criadas y cocineras se van a declarar en huelga por aumento de sueldo, las primeras piden 10 reales más al mes, las segundas 20 reales.

Desconocemos la influencia que pudieran tener —si la hubo— figuras como Guillermina Rojas o el resto de librepensadoras y republicanas en torno a 1870, en especial en Cádiz, en este movimiento obrero. Lo que sí tenemos a la vista es que, atravesada esta década, pronto aparecen en la prensa colectivista los llamamientos de mujeres que excitan[3] a las compañeras a aprovechar la expansión que permite la situación política en el inicio de los ochenta.

Al contrario que el feminismo de clase media o alta, el anarquista es obrero, relacionado con oficios dentro de la FTRE. Es el caso de las modistas de Linares (Jaén) y las tejedoras mecánicas de Sevilla en 1882 o, fuera de Andalucía, las costureras de Valladolid y las relacionadas con el textil de Cataluña. Las mujeres del campo andaluz[4], ocupadas en acarrear agua, lavar ropa, atender a la prole, complementan el peculio familiar con sueldos que oscilan en 1 y 2,5 reales, en trabajos temporales: segar o arrancar cebada, recoger aceituna o almendras, echar azufre a las viñas, etc.; si son niñas o jóvenes, hacen red, soga para alpargateros, parten almendra, barcaban mineral en la zona de Nerva, etc., bajo la *voracidad* de capataces caprichosos; y, cuando ello escasea, sirven en casas por poco más que la manutención, 15 reales al mes, o 20 de cocineras, con el peligro de la prostitución.

Los estatutos obreros reflejan interés en que se asocien las mujeres en secciones propias, con independencia de que hubiera ramos mixtos, tal como señala la Conferencia de la AIT de Londres en septiembre de 1871. Así, el tercer Congreso de la Unión de Sombreros[5] de la FTRE, 17-20 de mayo de 1884, propone:

1. Que las secciones hagan todos los posibles para constituir en sección á las mujeres. 2. Que las mujeres que se empleen en la elaboración de los sombreros, perciban el mismo jornal que los hombres. 3. No permitir que se admita ningún aprendiz menor de catorce años, con la obligación que sepa leer y escribir, ó al menos quede obligado en lo sucesivo á aprender.

El asunto de la cotización preocupa, ya que el salario femenino es irrisorio. En un principio no hay acuerdos específicos, por lo que se dice que coticen los 5 céntimos mensuales ordinarios. Pero el Congreso de Valencia, octubre de 1883, estudia "Determinar la cuota mínima que han de satisfacer las mujeres" y se dictamina: «El Congreso Regional de 1883 considera que las mujeres solo deben satisfacer media cuota ó sea la mitad de la cuota que satisfacen los hombres y con objeto de facilitar el ingreso de las mujeres en las secciones quedan exentas del pago de las cuotas extraordinarias previstas para el socorro de los detenidos y perseguidos». Lo que se aprueba por unanimidad.

CAMPO

En Andalucía —creemos—, las asociaciones más singulares se forman en federaciones relacionadas con el campo, que dan lugar a la Sección de Mujeres. Un acto que muestra voluntariedad. Se federan, cotizan, aportan a propósitos solidarios y llaman a la organización. Si no hay grupos específicos en sus localidades, las hay que actúan por su cuenta; en Júzcar (Málaga), una entusiasta compañera lanza un *¡Vivan los trabajadores todos!* en una asamblea obrera en el pueblo, en febrero de 1883, a la que acompañan otras mujeres; en Morón (Sevilla), una compañera denuncia al burgués Francisco Carmona por las condiciones de la siega; o realizan llamamientos en la prensa.

Las agricultoras pioneras en ingresar en la FTRE pueden ser las de Coronil (Sevilla)[6]; asisten 9 de ellas a una asamblea (de la Sociedad de socorros mutuos, con 225 asociados/as) el 8 de diciembre de 1881, en la que manifiestan su deseo de federarse, «no hemos venido arrastradas por nuestros maridos —dicen dos de ellas —, sino convencidas que la emancipación de nosotras y de nuestros hijos no la alcanzaremos más que con la unión de ambos sexos [...] que sepan todas las mujeres del mundo que las obreras del Coronil se incorporan á la organización para librarse de la explotación que el fiero capital nos hace víctimas». El día 26 queda constituida la Sección de Agricultoras y se suman al Consejo Local. Entre ellas se encontrarían Francisca Mateos Gutiérrez y Carmen del Valle Palacio, pronto fallecidas. En mayo de 1882 remiten 2,25 pesetas para «sus hermanas en huelga de Málaga»; y en agosto una agricultora envía escrito a *Revista Social* dirigido «á todas las de su sexo». En enero de 1883 mandan 10 pesetas para los huelguistas del arte en hierro de Valencia, lo que continúan hasta llegar a 40.

En marzo de 1882 llega la «Sección de trabajadoras de Arahal, todas conformes con los acuerdos del congreso obrero de Barcelona, y que desean conste que han venido al campo revolucionario, convencidas de su bondad, y por las ideas expuestas en la *Revista Social*»; en septiembre envían 5 pesetas para los huelguistas de Juan de las Fonts (Gerona).

Arriate, enclavado en la sierra, es uno de los pueblos en los que los hombres se ausentan a faenar por 2 o 3 meses, mientras ellas subsisten, con las criaturas, trabajando cuando pueden, tomando de fiado o empeñando el colchón u otras pertenencias. Estimuladas por los ánimos de constancia y fe que les envían las de Coronil, constituyen la Sección de Obreras y el 31 de mayo de 1882 lanzan un llamado "Á las obreras de la serranía de Ronda y á las de Arriate en particular", firmado por la secretaria: «¿os han dejado por casualidad algo más que en la demencia, á merced de quien os quiera dar una libra de pan[7] caro y malo? [...] que estamos ganando 15 cuartos segando [...] Si no hay auxilio no viviremos mucho, nos moriremos de hambre, no hay remedio [...] asociaos vosotras y empujad á vuestros esposos». De allí es Josefa Moya. Esta Sección de Obreras, a pesar de la fuerte represión del caciquismo por La Mano Negra, está activa en junio de 1883, y asiste y firma el manifiesto del Congreso de la Comarcal Sur de Andalucía en 23 de agosto en Ubrique.

En el verano de 1882 se constituye la Sección de Obreras de Benaocaz (Cádiz), adherida a la FTRE, desde la que Una Trabajadora del campo [agosto 1882] se dirige "Á las compañeras de la Región y en particular a las de Benaocáz", pues si después de ganar un real al día y dormir en cuadras durante la siega, «el esclavo que no hace esfuerzos por romper las cadenas que le tienen sujeto á la condición de béstia, lo es en realidad»; y repite en diciembre. Esta sección es la de Agricultoras, en número de 26, que asisten al tercer congreso de la Unión campesina[8] de septiembre; coexiste en junio de 1883 con la de Agricultores. Y, en agosto de 1882, «se ha organizado una Sección de Mujeres en Alcalá del Valle». Las mujeres de Ronda (Málaga) escuchan los llamados de las de Arriate y, a finales de agosto, constituyen la

Sección de Obreras; pese a la crisis de trabajo reinante, remiten solidaridad a sus hermanas huelguistas de Málaga y de Igualada (Barcelona), 1 peseta para cada.

Después del Congreso de Sevilla, se forma la asociación en Ubrique[9] (Cádiz) el 15 de octubre de 1882, fecha en la que, a invitación de los compañeros, 30 mujeres se reúnen y, tras hablar de Anarquía, Federación y Colectivismo, deciden agruparse y luchar «convencidas de que con su ayuda más pronto hemos de poner en condiciones para hacer desaparecer la esclavitud que sobre el desgraciado productor pesa y constituir una sociedad regenerada que considere criminales estas injusticias sociales [...] saludando fraternalmente á todos los compañeros y compañeras federados del universo»; en diciembre, una compañera de allí hace un «llamamiento á todas las de su sexo», explicándoles nuestras doctrinas e invitándolas a que ingresen en la organización obrera, pues «no en balde el congreso de Sevilla proclamó la igualdad humana sin distinción de sexos»[10]; ese mes aumentan en número y, «exentas como están de fanatismo, rechazan todo acto religioso y aconsejan á sus hermanas hagan lo mismo si quieren cumplir con sus deberes de ciudadanas libres y honradas», por lo que llaman a la organización revolucionaria dentro de la FTRE; a finales de septiembre de 1883, las Mujeres son 201 (de 1.669 afiliados). Puede que una de ellas sea María Morales, cuyo entierro civil se efectúa en diciembre de 1894.

Crónica de TRE..., en las primeras entregas, informa de que se constituyen varias agrupaciones en la provincia gaditana entre octubre y diciembre de 1882. En la página 9 reseña la Sección de Mugeres [sic] de Jerez de la Frontera; un año después, Una Agricultora [octubre 1883] publica un texto en el que llama a las trabajadoras a la asociación, pues «¿no sentís rubor cuando os veis en la precisión de decir "el amo de mi esposo, de mi hijo, de mi amante"? Queden los amos para las bestias y viva el hombre libre». Y la Sección de Mugeres de Grazalema (Cádiz), «compuesta de compañeras muy entusiastas en pró de las ideas anárquico-colectivistas», que al año siguiente remite 24,60 pesetas de cuota federal; dicha sección se mantiene con el tiempo (según veremos y daremos nombres). También es anárquico-colectivista la de Huertas de Benamahoma (Cádiz), en este año, en donde «pronto no quedará ninguna que no esté federada».

E, igualmente, está activa la Sección de Mugeres de Arcos de la Frontera (Cádiz), que en diciembre de 1882 cuenta con 80 federadas, las cuales aprueban poco después la «expulsión del grupo de adormideras que se llaman revolucionarios». Aleccionadora es la carta que

Una Obrera ha enviado el 7 de septiembre a *Revista Social*, en la que explica que, tras rechazar el martillo de oro con el que la burguesía les golpea si se inclinan a la prostitución, varias de ellas deciden hacerse amas de cría en la inclusa por 50 reales mensuales, pero llevan 11 meses sin cobrar y «los pies nos duelen» de visitar al administrador y autoridades (de quienes reciben promesas).

A finales de 1882 se organiza la Sección de Mugeres de Bornos (Cádiz). Y, en dicha provincia, se constituye la Sección de Mugeres de Villamartín, «las cuales son muy activas y enérgicas». También se forma la Sección de Mujeres de Montellano (Sevilla) a últimos de año.

A caballo entre 1882-1883 se establece la Sección de Trabajadoras en Algar (Cádiz), «convencidas de que las ideas anarquistas son las únicas que han de redimir de tanta esclavitud y miseria, á la Humanidad», y se adhieren a la FTRE; desde allí es el escrito que Una Compañera [mayo 1883] envía a *Revista Social* dirigido «á todos los obreros de ambos sexos que aún yacen en la mayor indiferencia». A finales de 1883 tienen unos líos indeterminados: Una Compañera [febrero 1884] escribe carta a *La Autonomía*, firmada en diciembre de 1883, en la que denuncia las descalificaciones hacia otras compañeras que extienden la secretaria María Leal y María

Trujillano, «fingiéndose amigas de nuestras ideas, han sido, son y serán sus mayores enemigos»; M. Leal entrega un acta de la Sección de mujeres al juzgado de Arcos y dice en la cárcel que son de La Mano Negra.

Por estas fechas se forma la Sección de Mujeres de Villaluenga (Cádiz), desde donde aseguran que reina el mayor entusiasmo entre las mismas; se disuelve con las persecuciones de La Mano Negra, y se reorganiza en octubre de 1883, cuando figuran como Sección de Agricultoras en la sesión de la Comisión Federal. De allí es Una Obrera [enero 1883] que hace un llamamiento a todas las de la Región española para que se asocien y aprovechen la influencia que ejerce la mujer en el seno de la familia, para que acabe cuanto antes la explotación del hombre por el hombre.

El 13 de enero de 1883 se da noticia de la Sección de Mujeres de Alcalá de los Gazules (Cádiz), donde aprovechan las reses que mueren en el campo por falta de alimento; a mitad de año, Una Compañera [agosto 1883] hace un llamamiento a las mismas desde *Revista Social.* En la Federación local de la Línea de la Concepción (Cádiz) se realiza una asamblea en febrero a la que por primera vez asisten 20 mujeres (con motivo de inscribir al niño Universo), que aseguran van a constituir sección propia. Después se extiende hacia Sevilla: en febrero se crea la Sección de Mujeres de Marchena (Sevilla), que profesan ideas anarco-colectivistas; y en este pueblo (sesión 12 de julio 1883), a una mujer llamada Pastora se le ordena que abandone, por estar federada, la casa que habita, dejada en alquiler; la sección se disuelve con las persecuciones.

Evidente resulta la actividad femenina en lo más arduo de la represión de La Mano Negra, de cuyo tinglado se desligan. El igualitarismo causa sorpresa cuando, en los documentos que la guardia civil de Ronda incauta en la federación de Iznájar en febrero de 1883, leen que se admite a las mujeres. Durante la instrucción del sumario del proceso del Blanco de Benaocaz, *La Correspondencia de España* (13/03/1883) afirma que «algunas mujeres continúan influyendo en la propaganda de la Asociación de trabajadores para "legalmente" oponerse a las exigencias del capital».

La prensa comercial asegura que podría montarse un archivo con la documentación incautada —en Jerez se guarda en una arqueta de madera y en dos sacos—, lo cual no es exagerado, pues se confiscan los documentos oficiales de las secciones. Lo que no queda claro es el origen de los textos llegados «por casualidad» a los corresponsales —paradigmático en "El nihilismo en Andalucía", con extractos de los estatutos—, como cuando

El Día (04/03/1883) telegrafía: «A las mujeres afiliadas á la asociación de "La mano negra", se las designa con el título de "compañeras para misiones especiales"». ¿Los elabora alguna autoridad o es el mismo periodista el que mixtifica el contenido del acta de la unión libre de Trinidad Muñoz y Prudencio Ruiz, de Arcos, en la que «contraen emancipación [...] quedando sujetos dichos emancipados á la Sociedad de trabajadores, con arreglo á ser castigados dichos emancipados sujetos á los estatutos internacionales»? Anida en ellos lo babel y la hipérbole.

La mujer suele aparecer con perfil trágico en las noticias oficiales. La vemos en segunda fila, ya al inicio de las detenciones —el grueso se produce entre el 17 de febrero y el 15 de marzo de 1883—. *El Imparcial* (21/02/1883) cita la «terrible paliza dada á una mujer por los asociados, entre los que figuraba el marido de la víctima, por haberse negado ésta á realizar un acto vandálico, del que se la había encargado. La mujer apaleada tuvo que guardar cama durante veintiocho días». Y *Diario de Córdoba* (11/03/1883) abre la ventana a lo espeluznante de «¡esas mujeres guardando con la fé conyugal los secretos más terribles y prestando ayuda a los crímenes más espantosos…!».

Las lluvias de febrero de 1883 transforman la faz de la campiña andaluza, y la cosecha, tras dos años de escasez, promete ser ubérrima, pero en marzo «reinan unos fríos desconocidos en la comarca [jerezana]» y el verde esperanza «que hubiera remediado el hambre, favorecido el trabajo y traída la abundancia» se marchita la noche del 11 con hielos tales —¡la helada negra!— que dañan las yemas de las cepas y afectan el cereal. Es la fase en que se concentra la mayoría de corresponsales de prensa (los cuales no solían ver a las obreras) y La Mano Negra es noticia de primera plana. A partir de ahora se nota un descenso en la actividad societaria femenina, aunque esta tarda en diluirse por completo.

Llegadas a junio de 1883, en Antequera (Málaga), se les impide reunirse a las mujeres, pues se les considera (al igual que a los 5000 federados) procesadas por asociación ilícita. En la sesión del 6 de agosto de 1883 de la CF de la FTRE se informa: «Prado del Rey (Cádiz), el Consejo manifiesta que se ha organizado la Sección de Obreras, estando completamente conforme con los Estatutos y acuerdos del Congreso Regional celebrado en Sevilla»[11]. La Sección femenina de Montejaque (Málaga) envía 3,75 pesetas de apoyo a *La Autonomía* en agosto de 1883, al considerar que «despierta al dormido, anima al cansado, consuela al afligido y promete libertad al esclavo»; en el otoño continúan activas, cuando

Una Agricultora [noviembre 1883] excita a las de Benoaján para que se asocien, pues ganan un real diario en la aceituna, y una de allí se ha federado en Montejaque, ya que no hay sección en su pueblo.

No hemos hallado constancia de grupo de mujeres en Utrera (Sevilla), pero sabemos de la presencia femenina en la Federación, pues «en esta localidad hay una jóven compañera que, postrada por una grave enfermedad, desfallece por falta de los alimentos necesarios. No hay para qué decir que igualmente carece de los cuidados de la ciencia, pues el médico de beneficencia hace sus visitas de ocho en ocho días», en febrero de 1884.

INDUSTRIA

En las localidades en las que se concentra la industria así como en las ciudades, las obreras anarquistas se asocian en secciones de oficio: tejedoras, tareas símiles de la aguja —sastras, camiseras, corseteras, modistas y corbateras—, amas de cría, etc.; escasas son las noticias ahora sobre las cigarreras, únicamente que se están organizando las de la Tabacalera de Sevilla en el verano de 1882. Están las canilleras[12] de Antequera, que asisten al congreso comarcal de Andalucía del Este, 29 julio 1882 (con Mujeres de Arriate). Y seguramente las había en las secciones textiles de Grazalema o Ubrique, por ejemplo, las acabadoras.

Málaga ocupa lugar destacado en la industrialización del siglo XIX en España. La noticia más adelantada que poseemos es de finales de abril de 1882 referida a la Sección de mujeres de Málaga integrada por 1479 federadas[13], espoleadas sin duda por los despidos que sufren en las huelgas —por entonces hay 34 en La Aurora, que dura 6 meses—. Poco después, Una trabajadora [mayo 1882] amonesta en la prensa a las carreteras, canilleras, torneras, urdidoras, tejedoras y demás manufactureras. La Sección de Tejedoras se adhiere ese otoño a la Unión manufacturera de la FTRE; trabajan en La Industria Malagueña[14] *La Fabril* —hay sobre 2000 de ambos sexos—; asisten al congreso de Sevilla de 1882; cotizan 5, 20'35 y 39'35 pesetas a la huelga de trabajadores en hierro (también de la familia Larios) en octubre de ese año. María Jesús es el nombre de una de sus organizadoras, la cual pierde la vida en un accidente en esta fábrica en febrero de 1885, en el que resultan heridas otras; las compañeras desean costear el entierro y solicitan un anticipo a la empresa, la cual se lo niega con el pretexto de que hay crisis, al tiempo que sus dueños organizan un campamento en Torre del Mar (donde poseen un ingenio) para recibir a Alfonso XII[15] y su comitiva, en lo que no reparan en gastos.

En la ciudad de Sevilla ya había mujeres que actuaban en público, caso de Rosario Muñoz, Ana Rincón, Ana

Salado y Teresa Castillo, que firman el acta de la reunión en la Fonda del Comercio el 18 de marzo de 1873 para festejar la Commune y la Internacional[16]. Ahora son las relacionadas con el sector textil las más activas. El 8 de junio de 1882, la secretaria de la Sección de Tejedoras firma una alerta "Á los tejedores de hilo" para que no ocupen los puestos que ellas dejan libres en la huelga que sostienen en la fábrica a vapor de Antonio Suárez y Cía.; el conflicto termina con éxito en julio. De tejedoras mecánicas provienen dos mujeres delegadas en el congreso de Sevilla en septiembre: Manuela Díaz y Vicenta Durán –al menos hay en él una tercera mujer, de Reus (Tarragona), que representa bien las Secciones de preparadoras y tejedoras mecánicas, bien la de colcheras–. Mujer sevillana es nombrada para una de las secretarías del congreso y, además, ambas son elegidas secretarias de mesa en la cuarta sesión, la tarde del día 24, las cuales presentan una proposición para que el congreso dictamine sobre "Reconocimiento de los derechos de la mujer" (aceptada tras las intervenciones de los delegados de Setenil, Viso del Alcor, Arahal y Campillos). Una Trabajadora [octubre 1882] alienta "Á las encañadoras, roeteras, dobladoras, rascanadoras, rozadoras, hilanderas, madejeras y torcedoras de la seda de la Región, y á las de Sevilla en particular". Y es posible que sea de ahí Una Arrazadora [septiembre 1882], la que les invita a la asociación, pues la Sección de Arrazadoras de Sevilla firma la circular 22 contra el congreso de los Desheredados en enero de 1883.

En las actas del congreso se recoge el discurso de Vicenta, iniciado con «Compañeros, yo saludo...»[17]; *El Hijo del Trabajo* (13/10/1882), de Pontevedra, comenta que «esta joven hizo uso de la palabra para felicitar al congreso en nombre de las demás obreras sevillanas. Comenzó su discurso saludando á los obreros del mundo. La mujer —dijo— que antes era esclava comienza á distinguir la clara luz del faro del puerto de su salvación; hoy levanta ya su frente reclamando los derechos que el hombre le tiene arrebatados; su ignorancia es la causa de que haga de un hijo un esclavo. También sobre nosotras, añadió, pesa la cadena de la esclavitud. Terminó en el uso de la palabra con estas y parecidas palabras: "defendamos unidas y con constancia los principios de la Anarquía y el Colectivismo, que son nuestra guía, y entre el pueblo y este viejo edificio social hagamos que perezcan nuestros explotadores"». Poco después escribe en *La Propaganda* [diciembre 1882] "Á las obreras de la Región española en general y á las de Sevilla en particular", en el que «Sólo á vosotras van encaminadas estas mal trazadas líneas que, si bien carecen de ciencia, están en cambio impregnadas de verdades»; el texto se remite también a *Revista Social*, la cual excusa su publicación por falta de espacio.

Manuela Díaz [agosto 1882] diserta en el Centro de Trabajadores sevillano: «Salud á la flor de eternos y suaves perfumes. Salud, ¡oh, hijas eternas del amor y del sufrimiento! Esclavas del deber y del egoísmo social, yo os saludo con vacilante voz para que llegue a vuestros corazones [...] llamada á regenerar la sociedad por medio del estímulo y la enseñanza»; en un discurso cuidado, algo almibarado, cita a Leuconia, esposa de Viriato, a Lucrecia, mártir de la fe conyugal y emblema de esclarecidas virtudes, Pantea, Juana de Aragón, Artemisa, Paulina, mujer de Séneca, Catalina II de Rusia, Juana Grey o Jael; aboga por la escuela laica y por la sencillez de vida, la de la mujer, dentro del hogar. Después pronuncia una prédica en el comicio de septiembre, en la que muestra la influencia que la mujer ejerce en la sociedad y la necesidad de que su redención camine unida con la del Proletariado.

También se planta en la tribuna del congreso sevillano la niña Ana Sánchez, de «siete á ocho años», hija proletaria, y lee su peroración, iniciada con «Obreros...». Es esta una usanza de esos tiempos, continuada en el siglo, en especial en veladas como la del 11 de noviembre 1891 en Málaga, en la que toma la palabra la niña Mansera, de 7 años, y lee un discurso que concluye con las célebres frases de Ling: «desprecio á la burguesía, desprecio la organización presente por infame, desprecio las leyes, desprecio la autoridad: soy anarquista; y si por defender la justicia han de perseguirme, aquí estoy; que me ahorquen», tras de lo cual una nutrida salva de aplausos coronó su peroración[18]. Costumbre que algunos sectores desecharán en el discurrir del siglo veinte, ante la convicción de que a la infancia no se le debe involucrar en asuntos adultos.

Aunque no suele ser común, algunas mujeres aparecen al frente de sociedades colectivistas. Varias más lo serían, pero el anonimato en estas fechas supone paliar la exposición a las represalias. En sesión de 25 de noviembre de 1883, la Federación local de Antequera dice que su dirección es Ángeles García Olmedo (Colegio, 10); la dirección del Consejo local de Granada es Rosalía Álvarez (Ballesteros, 2, Santa Escolástica); Josefa Martínez Mena (calle Juan de Torres, 12) es la responsable de Jerez de la Frontera en unos meses de muchas persecuciones (por republicanos); Ana María Marín (calle Fontana, 10), de Cádiz, recibe las cuotas para los detenidos en Grazalema.

Ante la propaganda oficial, que trata de criminales a quienes se asocian, un asunto que preocupa es el papel que ejerce la mujer en la familia a la hora de retener o animar a que se afilien los hombres. Desde Puerto Serrano (Cádiz), el Consejo Local dirige un *Manifiesto á las mujeres proletarias de su Comarca* en diciembre de 1882 para que no pongan trabas a los esposos que deseen asociarse, e invita a ellas a que lo efectúen. Algo en lo que insiste Una Compañera [agosto 1883] al hablar a las mujeres de Jimena de la Frontera —«¿vas a meterte en esa Sociedad que tan mal se habla de ella?»— en *La Autonomía*.

Hay mujeres individuales que contribuyen con su óbolo, a pesar de su precariedad, a causas proletarias, además del apoyo primordial que prestan a quienes están en las cárceles —«hermanos nuestros, inocentes, que devoran en inmundos calabozos la pena de verse privados de libertad; pago con el que la sociedad en que vivimos remunera a los creadores de la riqueza pública»—. Desde Aznalcóllar, Una compañera agricultora remite 1 peseta a los huelguistas de Valencia en enero de 1883. Algo después, Una compañera, natural de Ávila de los Caballeros, residente en Ubrique, remite 1,20 ptas. a los mismos.

PRENSA

No le resulta fácil a una mujer tomar la péñola en la década de 1880. Ya señala Teresa Claramunt de Gurri en 1885 que, puesto que 'no nos dan instrucción, «carecemos de talento para escribir, sobre todo en la prensa, que tanto se notan las faltas», en lo que pueden ayudarnos los compañeros.

Las primeras palabras de obreras que vemos ahora negro sobre blanco son las de dos agricultoras de Coronil en diciembre de 1881. Algo después aparece Josefa Moya, pionera de las proclamas colectivistas a las mujeres, que el 2 de enero de 1882 firma en Arriate una carta dirigida "A las compañeras de Ronda" para que despierten y sepan que tienen la misma dignidad que las señoras a las que les lavan la ropa a cambio de un poco de caldo de pescado o un hueso descarnado, «asociémonos con los trabajadores de ambos mundos [...] abandonemos de una vez las preocupaciones religiosas». Le sigue Una compañera que el 28 de febrero de 1882 se dirige "Á la Federación de Cádiz y su provincia" desde *Revista Social*, en la que exhorta a los federados a que animen a sus mujeres para que se afilien, pues «les corresponden los mismos derechos que al hombre para defender sus intereses [...] es necesario que desaparezca de vuestra mente ese despotismo y predominio que teneis sobre nosotras; y, entonces, uniéndose fraternalmente...»; y si alguien duda de su capacidad, que recuerde lo que sucedió el 5 de diciembre.

Entrado marzo de 1882 es Isabel Luna la que, desde Benaocaz, habla "Á las obreras agrícolas de España en general y a las de la Serranía de Ronda en particular", pues «el estado de miseria por que atravesamos, no ha estado nunca en combinación con mi espíritu», y es que somos desheredadas de todo derecho, obligadas a ausentarnos tres o cuatro meses, por un real diario, y habitar cuadras al final de la jornada en las que no se puede encender candela, y dormir «en el mismo orden que lo hacen los cerdos». Significativa es la apelación que hace Una Compañera de Ubrique [16 de marzo de 1882] en pro de la asociación para emanciparse y conseguir paz, economía e instrucción, ante «las exigencias y caprichos de los hombres que se creen con la garantía de un poder inhumano».

No falta la llamada de Una Sirvienta [mayo 1882] de la provincia de Sevilla que lamenta la situación desgraciada de estas mujeres obligadas a salir de sus casas, «las obliga á sucumbir muchas veces á caprichos ridículos de sus señores, que degradan á seres racionales, y muchas veces las exponen a precipitarse en el fondo de la deshonra».

Después del congreso de Sevilla continúan las cartas firmadas por Una Compañera, Una Trabajadora, Una Campesina o bien con siglas en el otoño de 1882 y primeros meses de 1883. Así vemos dos artículos enviados a *Revista Social* (14/12/1882) desde Benaocaz, uno de ellos dirigido "Á las obreras en general", fechado 8 de octubre, y firmado por Una Obrera del campo; el otro "Á las proletarias", fechado en noviembre, y firmado por Una Trabajadora del campo; ambos se inician con «Compañeras: impulsada por los grandes sentimientos de humanidad que encierro en mi corazón y alentada por las grandes evoluciones sociales que se vienen desarrollando en la Región Española, hoy mi débil pluma os saluda á nombre de todas las desgraciadas que sufrimos el despótico yugo de la clase media», y continúa el segundo: «Pero estas evoluciones sociales tropiezan con un obstáculo grande; y ¿Sabéis cuál es? Pues somos nosotras, que embaucadas con las preocupaciones religiosas [...] Creo que no titubeareis en asociaros con vuestros hermanos, puesto que nuestro destino es el suyo y su salvación la nuestra. Recibid un fraternal abrazo de la que se despide de vosotras con un ¡viva la unión de las trabajadoras!».

Igualmente, Una Agricultora [enero 1883] de Benamahoma excita a estas obreras a constituir secciones de oficio, pues de lo contrario será infructuosa su actividad en pro de la emancipación, al no poder luchar con éxito contra las exigencias del capital. Por su lado, una joven Compañera de Benamahoma [mayo 1883], con argumentos fundados en la Naturaleza, se dirige a ellos, "Á los obreros de Prado del Rey", «es la primera vez que esta compañera os dirige su voz amiga; os hablo impulsada por el celo de vuestro bien y el mío».

La Autonomía de Sevilla se hace eco de ellas, en tres firmas con iniciales, en la segunda mitad de 1883. La compañera J. M. llama, por segunda vez, la atención a las obreras de Ronda (Málaga; federación local en la que los hombres llegan a 2500) para que salgan de la indiferencia y abandonen los sueños de un futuro idílico con las promesas hechas por los burgueses, tras de lo cual se afilien y actúen como Isabel Luna. Desde Ubrique, las palabras de R. N., firmadas el 15 de junio, plantean que «consideremos, para qué somos nacidas, y por qué no podemos ser lo que deseamos» si la Naturaleza ofrece lo suficiente, y las leyes naturales de la justicia y el derecho lo promulgan. En noviembre, J. T. D., hija de Ubrique asimismo, en el «siguiente artículo que dedico á las de mi sexo», agradece que le permitan formar parte de la FTRE, pues «no admitir a la mujer en el concierto social, dejarla sumida en las tinieblas del fanatismo y la ignorancia, permitir que la superstición tienda las alas sobre su adorable corazón y bellos sentimientos, sería un egoísmo criminal». Ambos textos hablan de Anarquía, Federación e Instrucción.

Varios de estos llamamientos no pueden publicarse en *Revista Social* por falta de espacio (aunque lo prometen): desde Sevilla, una tejedora mecánica en diciembre de 1882; y ese mes, desde Arcos de la Frontera, bajo el epígrafe "Á las mujeres proletarias" envía «una sentida alocución una obrera»; desde Benaocaz hace lo propio una compañera; y en mayo de 1883, desde Algar, «una trabajadora de este pueblo nos remite un escrito en el cual llama á la asociación á todos los obreros de ambos sexos que aún yacen en la mayor indiferencia».

En todos estos textos se trasluce que «el máximo amor al progreso y la aspiración á la libertad justa, me escitan á que tome la pluma».

PRESAS

No hay demasiadas mujeres presas en La Mano Negra, al menos no en la proporción que les hubiera correspondido[19]. Según *La Andalucía* era por las dificultades que les suponía a las autoridades habilitar espacios propios para ellas al estar las cárceles saturadas de hombres. Pero las hubo, aunque es complicado conocerlas. A veces aparecen en noticias generales como esta de *La Discusión* (04/03/1883): «En uno de los pueblos de la provincia de Córdoba ha sido detenida y puesta á disposición del juez que entiende en el proceso sobre "La mano negra", una mujer que predicaba con entusiasmo las doctrinas socialistas». Otras noticias suenan sensacionalistas, como la de *El Correo* (09/03/1883): «En Setenil ha sido detenida una mujer en el acto de arengar a los internacionalistas para que hagan á los burgueses guerra á sangre y fuego».

En la parte de Cádiz y de Málaga se dan persecuciones a ambos sexos —sobre 400 en prisión—, según afirma la Comisión Federal en la sesión del 13 de marzo de 1883. En la del 27 de marzo, Andalucía del Sur da cuenta de que, entre el día 4 y el 21, el juez de Ronda llama a careo a 50 compañeros y 5 compañeras de Arriate (y quedan por embusteros los delatores; en esta sesión se facilita una relación de detenciones por delación de la burguesía). En la sesión de la CF del 21 de abril 1883 se dice que en Antequera «el Juzgado ha tomado declaración a varias mugeres de los federados». Durante la suspensión de garantías en agosto de 1883 se detiene en Algar al compañero J. Olmedo y su «jóven hija»[20], tras un registro en su casa a las 11 de la noche en la que solo estaba ella.

La presa más célebre es Isabel Luna Marcén, por la atención que le dispensa la prensa diaria[21] a esta joven de 23 años, desenvuelta, franca, de rasgos agraciados, manos delicadas y corazón firme, con la que pretenden construir una Maritornes o una Luisa Michel. Como en el resto de ellas (y la mayoría de ellos) es de notar la fugacidad de su presencia, si bien su nombre perdura al ser autora de un folleto en verso (desaparecido) escrito entre rejas, *La agricultora prisionera*, editado en el verano de 1883. Ya la conocían por un artículo suyo en *Revista Social* [marzo 1882] —«he sufrido silenciosa (la miseria) desde los primeros años de la infancia [...] ¿Continuareis silenciosas ante la llamada redentora de la humanidad?»—. Según *Crónica de TRE...*, una «hermosa jóven y honradísima compañera de Benaocáz» tenía intención de ir a trabajar a la comarca de Jerez, pero los federados desean protegerla de ambiente tan hostil a las muchachas, y le ofrecen servir en casa de un compañero de Setenil de las Bodegas (Cádiz), donde la guardia civil la apresa el 27 de febrero de 1883 por el delito de propagar la Emancipación, la conducen a Villamartín el martes 6 y después pasa por Arcos, de donde sale el día 9 en tren —sus compañeros lo hacen atados, a pie— hacia Jerez y, tras breve estancia en Jerez (con los del Crimen de la Parrilla), socorrida con 70 pesetas, la presentan al gobernador de Cádiz el 12 de marzo, en cuya cárcel la visita un redactor de *La Crónica de Cádiz*, el cual escribe que «no es la joven pudibunda, cuyos ojos velados por largas pestañas, se inclinan avergonzados ante las miradas de sus jueces [...] sino una moza ilustrada de pueblo»; parece que después está en Alcalá del Valle, en donde un trabajador la visita y es detenido, y ambos «continúan por los tránsitos llamados de justicia y custodiados por la guardia civil» en abril, hasta que en julio informan desde Olvera de su liberación, tras 4 meses y 10 días; en septiembre le auxilian en Benaocaz con 25 pesetas.

Tal vez su fotografía se halle solapada en algún legajo ministerial, pues los acusados más significados en las causas de Gago y Núñez son retratados, unos por separado y otros en grupo[22], cuando ella llega a la cárcel de Jerez, y las copias son enviadas días después a Madrid.

De otra mujer nos facilita el nombre *Diario oficial de avisos de Madrid* (09/04/1883) al decir: «Escriben de Cádiz que la Guardia civil de Algodonales ha capturado á la correligionaria de Isabel Luna, la joven Carmen Valderrama Niebla, en la villa de Puerto Serrano, que estaba reclamada por el Juez de Olvera, por pertenecer con el número 1 á la sociedad internacional de dicha villa». De ella, en la sesión del 30 de julio de la CF[23], se comenta: «Puerto Serrano: Otra víctima del caciquismo, la compañera Cármen Valderrama Nieblas, ha sido puesta en libertad el 18 de julio». Puede que sea la que firma, desde Benaocaz, como Secretaria del Interior un llamamiento en *Revista Social* [febrero 1883], "A las trabajadoras de Puerto Serrano", «con el objeto de ver si unidas podemos aplacar las iras de nuestros verdugos [...] ¿Hemos de ser tan ignorantes, que no hemos de ayudar a plantear el camino á la revolución?».

Por la cárcel de Villamartín pasan algunas de ellas. *El Guadalete* (10/03/1883) informa de que «el Mártes [6 de marzo de 1883] llegó presa una jóven como de 22 años,

perteneciente á la Sociedad, y el miércoles por la mañana era esperada otra, también joven de Prado del Rey».
Es de suponer que la primera es Isabel Luna.

A Inés Cruzado, de Alora (Málaga), se le sigue causa
(con 9 compañeros) en Antequera, en diciembre de
1883, por pertenecer a la FTRE, en la que se les pide 2
años de prisión y 300 pesetas de multa, de la que resultan libres.

Asunto muy señalado es el acompañamiento de mujeres y criaturas a los presos. En Marchena, en abril de
1883, pasan el día a las puertas de la cárcel y duermen
allí o en el campo cercano.

Más adelante están las presas de Grazalema y
otros lugares. Y desconocemos si es libertaria el caso
denunciado en *El Productor* (15-VII-1887): «En Sevilla
han metido en la cárcel á una jóven de 15 años por el
enorme delito de ir vestida de hombre y dedicarse á trabajos propios del sexo opuesto al suyo».

[03]

HONRADEZ

Esta es una cualidad que el asociacionismo obrero del XIX la tiene por fundamental. El primer reglamento de La Internacional en España afirma que será admitido «todo individuo de uno ú otro sexo que goce de buena reputación y viva de su trabajo material»[1]. Similar demanda persiste en la década siguiente con la FTRE, en la que es habitual que esta condición se refleje en los estatutos de las secciones obreras. Aunque es de doble filo. Verdad, Moral y Justicia son sus armas sagradas. Se dicen de moral sana y luchan con la ley —gustan de mostrar el contraste entre el proletario humilde, querido en su familia, que duerme con la conciencia tranquila en su modesta cabaña y el burgués rico, reconcomido por pesadillas en su suntuoso palacio—. «Solamente el combate por la vida proporciona al hombre las satisfacciones morales».

De doble filo, decimos, porque ello les va a enfrentar con los grupos anarquistas que desconfían de ese itinerario tan hollado una y otra vez, y plantean métodos más contundentes. Ironía, además, con las criminalizaciones que monta el proceso de La Mano Negra hacia la FTRE, la cual se defiende de las arbitrariedades «dentro de la ley, de un modo moral y pacífico»; una asociación que asegura que «son las huelgas objeto constante de nuestra meditación; pero no entran en nuestros fines» —solo admite las de resistencia solidaria y dignidad, deben ser aprobadas por las uniones, en la legalidad, y sostenidas por la solidaridad—, que desconfía de las asonadas revolucionarias –sí fía en la revolución científica–, y que al tomar como armas la razón y la inteligencia «se opondrán á que triunfen los defensores del oscurantismo y de la reacción». Verdad, Justicia y Moral, «No más deberes sin derechos, no más derechos sin deberes».

Hay evidencias de que el colectivismo debería haber sido laureado y no vilipendiado como hace el proceso de La Mano Negra. En Antequera, por ejemplo, se muestran conformes con los acuerdos de Barcelona y Sevilla en la asamblea fundacional, «y dispuestos á modificar sus costumbres, abandonando sus vicios y toda clase de política que no sea la demoledora»[2]. Y *El Liberal*, de Madrid, recoge la noticia de un periódico de Málaga en septiembre de 1882 en la que afirma que, en esa capital, en los meses que lleva instaurada la FTRE, ha disminuido la criminalidad en un 60%, según se aprecia en los juzgados.

Quien no sea honrado debe ser dado de baja y publicado su nombre (lo que, de rebote, nos permite conocer la identidad de muchos federados) para aviso «de la Región y de todos los anarquistas del mundo». La expulsión no obedece a impulsos del momento, sino que se realiza después de escuchar el juicio de la comisión (permanente o ex profeso) de la federación local, la cual viene exigida en los estatutos, que estudia el caso –de ahí los *despiadados* Tribunales Populares que se arbolan en el proceso de La Mano Negra.

Hay motivos de expulsión que se relacionan con el ámbito asociativo: el más común es la falta de solidaridad –esquirolaje– en los conflictos, caso de Rafael Romero Sánchez en Alcalá del Valle o del picapedrero Francisco Quintana en San Roque; habitual es el de difamar a la asociación; además, «por trabajar contra las ideas revolucionarias y servir los fines de los partidos políticos», como sucede en Benamocarra a José Pacheco y otros, y eso que practicar la anarquía era un peligro, tal como sucede en Los Palacios en que son despedidos del trabajo algunos compañeros por no tomar parte en las elecciones; curioso es el acuerdo de Puerto de Santa María de que cualquier federado que acepte un puesto del Estado será considerado traidor, por lo que se expulsa a Manuel Rivera Navarrete *el Maestro* en el otoño de 1882; también se rechaza a los proveedores que no abonan a las editoriales el cobro efectuado de periódicos y folletos a suscriptores (lo que lleva a la debacle de la prensa), como ocurre con Federico Sanchiz en Valladolid, a quien se le tilda de *suave vividor*, «el revolucionario tiene que ser, sobre todo, honrado».

La calumnia es detestable. Sebastián Fernández Sánchez y Alonso Pérez Vergara, de Alora, son traidores a la Federación, «pues han declarado falsa é infamantemente contra sus compañeros [en el juzgado de Antequera], por lo que quedan expulsados». Igual suerte corre Pedro Martín Montero en Setenil al acusar a un compañero que queda preso en Olvera.

Y están los motivos relacionados con la conducta personal: el más común es la afición desmedida por el alcohol y el juego; así, en Alcalá de los Gazules se acuerda que todo compañero que se emborrache y produzca escándalos, juegue al billar o a las cartas, pagará por primera vez 1 peseta de multa, 2,50 la segunda vez, y será depurado la tercera y publicado su nombre; en Arriate se expulsa a Joaquín Guerrero por llegar embriagado a las sesiones, lo que también hacen con Salvador Prieto por presentarse con arma blanca y de fuego para atropellar a compañeros; a José Molina se le echa porque se gastaba en vino los caudales de los agricultores de Loja; a Salvador Caballero *el Rubio* en Beniaján, o Juan Navarro Domínguez *Pintamonas* en Algar por embriaguez habitual; a veces, el veredicto queda expresado con el motivo general, como el que se le da a Fernando Fuentes, de Arahal, por separarse de los lemas Verdad, Justicia y Moral, al ser borracho y jugador, o cuando se despacha a Antonio Corrales, de Villaluenga (Cádiz), por alejarse de la más estricta moral. Y también a ellas: la compañera María la Serrana, de Arriate, es «expulsada por faltar al órden y dar escándalos en las sesiones».

Motivo importante de no admisión o de expulsión es la conducta indigna de parentesco, pues quienes así proceden «no pueden llegar a ser buenos ciudadanos ni compañeros». Ello incluye el descuido de la familia; en este sentido se expulsa a José Gerena *Chanete* de Olvera «por haber abandonado á su mujer, que es honrada y compañera, sin motivo alguno que justifique su indigno proceder»[3]. Y primordial es el respeto a las mujeres en los intentos de violación, así sucede a Andrés Delgado

Jiménez, de Sauceda de Cortes, por intentar abusar de la hija de un compañero; y a José Macho Mela, de Alcalá de los Gazules, a quien se da de baja «por haber querido penetrar á deshora de la noche en unión de otros dos individuos en la cabaña de unos pobres, con objeto de atropellar á sus hijas».

(Asunto ajeno a este trabajo es el de la expulsión por *perturbación*, que faculta el artículo 5.º de los estatutos de la FTRE, el cual se aplica a disidentes ideológicos de la línea oficial, también anarquistas, que es motivo notable de división en las federaciones y causa de su decadencia desde mediados de 1883).

[04]

INSTRUCCIÓN Y RECREO

En la década de los ochenta, los empeños municipales, la iniciativa privada en auge, además del interés eclesiástico (con los institutos religiosos) y el del gobierno en la creación de escuelas de artes y oficios, no eran suficientes para cubrir las necesidades de la instrucción popular.

Un deseo primario de cualquier sección constituida era abrir el centro obrero donde reunirse, algo complicado pues exigía recursos económicos, locales —que a veces la burguesía se niega a alquilar— y autorizaciones gubernativas. Cuando ello se logra, la aspiración sucesiva es convertirlo en espacio de recreo, alternativa a la taberna y espectáculos *viciados*, «donde los obreros asociados se traten, se familiaricen, se comuniquen, donde vayan sus esposas e hijos y la familia obrera se impregne de las ideas del porvenir, dirigidas á la libertad, la igualdad y la justicia»[1]. En contadas ocasiones, por ahora, puede programarse alguna charla, lectura o función teatral, que convierte el esparcimiento en cultura, y puede ir formándose un pequeño centro de lectura. Por último, ya sea con medios propios o en unión de entidades afines, se anhela montar una escuela laica.

Preocupa la instrucción de la mujer, la cual también se liga al primer estadio de su emancipación, pues se concibe —por ellas y por ellos— como el camino idóneo para educar a la prole, dentro del hogar, en la revolución. «Enseñemos, queridas compañeras, á nuestros hijos los saludables principios de anarquía, federación y colectivismo y no dudad que siendo nosotras, como somos las más directamente responsables, si así lo hacemos recojeremos el abundante fruto que ambicionamos», dice Una Compañera de Algar [febrero 1884].

La represión de La Mano Negra apunta a estos centros. En los primeros meses de 1883 hay quejas continuas de las federaciones locales por los cierres y atropellos arbitrarios[2]. Hagamos solo un pequeño recorrido por medio de *Crónica de TRE, Revista Social* y *La Autonomía*. En Antequera se allana el local cuando están reunidos, se apresa a 14 obreros y se incautan 27 000 reales de sus fondos. De igual modo procede la guardia civil en Espejo (Córdoba). En La Línea de la Concepción irrumpen en la sede, detienen a 27 asociados y embargan los muebles, que depositan sin cuidado a la puerta del presidio, con lo que rompen algunos enseres. En Ardales (Málaga) se incautan de 335 pesetas y portan los presos a Campillos. De manera similar obran en Viso del Alcor (Sevilla). A Sanlúcar de Barrameda llega el capitán Oliver[3] de paisano, se invade el local y se apresa a 7, que trasladan a Jerez. Adra (Almería) presencia cómo penetran en el local y detienen a 18 que, atados codo a codo, trasladan ante el llanto de familiares, y les embargan los muebles. Es de notar que, a partir de junio de 1883, logran reabrirse bastantes: Enguera, Villamartín, Montilla, Alcalá de los Gazules, Arriate, Benaocaz, Marchena, Vélez-Málaga, más Montejaque e Isla de San Fernando en enero 1884 y se constituye la de Calañas en febrero.

Sabido es el anhelo de los congresos de La Internacional hacia la creación de escuelas laicas, en las que «se reciba una instrucción desligada de añejas preocupaciones». La experiencia viene de largo[4], pues en 1871 las secciones de oficios varios de Sevilla abren una escuela, al igual que las de Málaga. Era también una aspiración del republicanismo progresista y del librepensamiento, pero en la Andalucía de esos años no era fácil su implantación, excepto en algunas ciudades, máxime cuando tenían que depender de las asociaciones obreras, tan modestas y tan perseguidas. Por ello se funden los centros obreros con los de instrucción y recreo, a los que asistían pequeños y grandes, y en lo posible abrir escuela. A la dificultad de creación se sumaba la deficiencia de material escolar y, en muchas ocasiones, la escasez de enseñantes. Las autoridades se resisten a conceder permisos para su apertura, pues «se quieren burros de carga y no gente con conocimientos».

Una solución inicial son los centros de enseñanza mutua –de reminiscencias lancasterianas–, con modalidades diversas, en los que se reúne la gente federada y quien posee conocimientos los pone al servicio del resto. Es el caso de la escuela laica sostenida por la Federación de Vélez-Málaga, inaugurada el 2 de enero de 1883, en la que son 14 los compañeros encargados de la enseñanza (que La Mano Negra cierra en mayo). Como libros de texto pueden servir las actas de los congresos obreros y las tres obras de la Biblioteca del Proletario (puestas en bibliografía) editadas entonces. Aunque quede fuera del ámbito espacial aquí estudiado, citemos la propuesta de Teresa Claramunt cuando se crea la Sección de Mujeres[5] de Sabadell en 1884, en la que plantea la «enseñanza mútua sin gastos ni dilaciones, reducido á que por turno y en las primeras cuatro horas de la mañana de cada día festivo pasan las compañeras de cada calle á la casa de la que estando más instruida dirija a las demás, así en labores como en administración de casa, lectura, escritura, cuentas, etc.».

Hay, no obstante, personas con preparación y voluntad, tal es el caso de Juan Ruiz, uno de los ajusticiados en la Plaza del Mercado de Jerez el 14 de junio de 1884 como integrante de La Mano Negra, maestro libre por los domicilios en Alcornocalejo (Cádiz). Ya existían por entonces los maestros ambulantes, de quienes comenta la *Revista de primera enseñanza de Cádiz*, «que solo sabiendo mal leer y escribir y sin título profesional, se ganan la vida dando lecciones en los cortijos a los hijos de los braceros».

Sevilla es de las pioneras en contar con centro obrero de instrucción y recreo (Alponte, 2), el cual inaugura las clases de enseñanza laica el 23 de octubre de 1881, que continúan con éxito en junio de 1882, y se trasladan en el verano a un local más amplio, tras una función dramática para recaudar fondos; además, consiguen del Estado material para una biblioteca popular; con la escisión, en diciembre de 1883 se abre escuela laica en el

Centro de la Macarena. Huelva inaugura Centro de Lectura el 3 de diciembre de 1881, con 300 asistentes, en el que celebra conferencias los sábados[6]. En San Roque (Cádiz) buscan recinto para ello y ningún burgués se lo alquila. Sí que lo estrenan en Linares. En Olvera, el gobernador autoriza el centro, pero lo clausura en junio de 1882. En Carmona aprueban su creación 500 trabajadores y la apertura se hace el 24 de junio de 1882 en el Compás de San Francisco. En Montellano se abre el centro el 29 de junio de 1882, en el que instauran Centro de lectura, que será cerrado en 1883. En septiembre es Loja la que inaugura su centro.

La federación de Puerto de Santa María, localidad en la que existen 6 escuelas municipales y 5 privadas, establece escuela laica en enero de 1883, que continúa en mayo. En este mes, La Línea de la Concepción acuerda fundar escuela laica, al igual que Huelva, la cual se desarrolla considerablemente en marzo. Benaocaz decide inaugurar un Centro de Instrucción y Recreo en mayo de 1883. La Campana lo crea en diciembre. Arcos de la Frontera en enero de 1884. Y así algunos más, con dificultades del gobernador para su aprobación. De la mayoría de estos centros de instrucción sabemos de su existencia por ser allanados durante la persecución negra; es el caso de los nombrados, más los de Antequera, Espejo y Viso del Alcor.

Contestar a la cuestión del grado de analfabetismo en las sociedades obreras andaluzas es algo complejo. Varía de una localidad a otra, aunque parece menor que la que las cifras oficiales asignan a la región en 1877. El delegado de Picamoixons al Congreso de Sevilla, en gira de propaganda por la Serranía de Ronda en el otoño de 1882, asevera que una parte notable de los federados son instruidos. En Gaucín existen 125 compañeros ilustrados, «pero la curia, el alcalde, los burgueses y la benemérita se han puesto de común acuerdo para fastidiarlos». En Genalguacil participan 157 federados activos e instruidos, y a la asamblea asisten bastantes mujeres. El Consejo Local de Gimena de Libar es muy instruido. No obstante, hay pueblos, como Casares y Benalauría, que no pueden constituir sección, pues ningún trabajador sabe leer y escribir, al igual que en Bosque, propiedad del duque de Osuna, que no lo hace hasta febrero de 1882. De los 200 agricultores de la federación de Montejaque, 185 saben leer y escribir (algo de lo que se enorgullecen). Un año después, en Montilla, de 45 federados, 33 saben leer y escribir.

Es de señalar que en el congreso de la Comarcal de Andalucía Oeste[7], Sevilla, 17-19 de abril de 1887, acuerdan que estos centros de instrucción se crearán solo si son susceptibles de ser gestionados por las federaciones locales, pues la práctica ha demostrado que la mayoría de los compartidos con otras organizaciones han quedado bajo la égida de extraños.

Un modo de instrucción era la prensa, utilizada bien como texto escolar bien leída en común. Las autoridades persiguen y detienen con frecuencia a quienes reciben *Revista Social* en las localidades, sean paqueteros o suscriptores, controlándolos desde Correos, e intimidan a kioscos como el de Osuna. Son continuos los ruegos que se hacen a la revista para que dejen de enviar ejemplares, caso de Trebujena, Valle de Abdalajis, Benamocarra, Alpandeire, Genalguacil, Alameda, Berja, Alcalá del Valle, El Rubio, etc. En Marchena es una mujer la que recibe los paquetes, la cual es amenazada por la curia con encerrarla, en mayo de 1883, si lo continúa haciendo. Resulta obvia la labor expendedora de los centros de suscripción; en marzo de 1882 los hallamos en Ubrique (Calle de Solano, 19), Málaga (Calle de la Puente, 5), Antequera (Calle del Plato, 23), Sevilla (Alponte, 2) o Benaocaz (Calle Nueva, 10).

Caso curioso es la pretensión de simplificar la escritura para facilitar su aprendizaje, que ya vemos en la década de 1870[8] con extensos artículos sobre ello —plasmado después en las propuestas de *Ortografía fonétika razional* (1925)—. Un compañero de Cádiz remite un proyecto de reforma de la ortografía para que se incluya como punto del orden del día en el congreso de Valencia de octubre de 1883.

[05]
SOCIEDAD CIVIL

Las sociedades obreras colectivistas, cuya meta es la revolución social, en consuno con el librepensamiento, tratan de extender las prácticas civiles en registros de nacimientos, casamientos y enterramientos, en lo que *El Socialismo* califica de «La propaganda por el hecho». Con frecuencia, «despreciando preocupaciones rancias y estúpidas», estos actos conllevan acompañamiento numeroso, que puede ir amenizado con una pequeña banda de música, con el propósito de irradiar su mensaje —«Brindemos culto a la Verdad y á la Razón; declaremos franca guerra al jesuitismo y al romanismo»—. Por su lado, en el caso de las mujeres, la desfanatización religiosa es el motivo central de muchos de los llamamientos en la prensa a la emancipación de las mismas.

Saber de estos actos no es fácil, pues el anarquismo español tarda en incorporar la práctica de publicitarlos. De hecho, muchos de los que conocemos son debidos, una vez más, a las trabas de que fueron objeto o a su exposición en publicaciones conservadoras. Es el caso (excepcional) del acta de la Federación local de Sanlúcar de Barrameda[1] del 20 de mayo de 1873 en la que Francisca de la Aurora Pérez Rendón y Juan Millán Caballero presentan a su hijo a la asamblea para que sea nombrado, y esta decide llamarlo Paso a la Revolución Social; la madre [junio 1873] eleva un manifiesto a las mujeres en el que, tras asegurar que su razón no está *estraviada*, encarece que aconsejen a sus maridos que no vayan a la iglesia, y que no cristianen a sus hijos, «en lugar del bautizo la educación, en lugar de religión ser buena madre, buena esposa, hacer todo el bien que podáis y la humanidad será salvada».

Para el anarquismo colectivista, «el camino del progreso está sembrado con los cadáveres de sus defensores, pero las luces crepusculares anuncian ya por todas partes la venida del nuevo día y el triunfo de la Justicia y el Derecho». Mueren «sin consentir que ningún sacerdote fuera a turbar con sus ceremonias los últimos momentos de su reposada agonía». Los ayuntamientos habilitan un sector para los enterramientos civiles, al que llaman libre, disidente, neutro o impenitente, por lo general descuidado y, a veces, alejado. Asistir a un sepelio puede ser motivo de despido, tal como hacen los Larios en Málaga. Y no es infrecuente (más en las ciudades) que se pronuncie algún discurso[2] materialista, pues se recuerda que nos transformamos al morir; tras de lo cual, «la comitiva se retiró con la afectación propia del acto que acababa de realizar [...] y desea a la familia la resignación necesaria para resistir tan irreparable pérdida».

Las compañeras, además de ser enterradas civilmente, suelen recibir auxilio cuando fallece su pareja y tienen criaturas; así la de Antonio Navala, de Villamartín, con 286 reales; aunque a otra cuyo marido no estaba al tanto de la cotización no le socorren. Y son activas; en La Campana fallece al año de nacer Oracio Homero[3], hijo de la pareja Gago —ella— y Barco, a cuyo traslado al cementerio el alcalde prohíbe a los hombres que le acompañen, pero no contó con la huéspeda, pues la madre se enerva y le dice que el niño no irá solo, y las mujeres acuden a su apuro; en venganza, el monterilla ordena que lo inhumen de forma superficial fuera de las tapias, por lo que llevan el asunto a los tribunales.

En Paradas fallece la joven Encarnación Fuentes, hija de compañero, a cuyo entierro civil acompañan unas 400 personas. En Antequera se efectúa el sepelio civil de un afiliado en noviembre de 1882. También sucede en Sevilla con Manuel Peña, carpintero, que profesó en vida los principios anárquico-colectivistas y trabajó sin descanso por la propagación de las ideas revolucionarias, y ese día se hace público el afecto que le profesaban más de 300 compañeros. En Jubrique se entierra civilmente a Lucas Colechar Gutiérrez, con numeroso cortejo; al igual que el de Juan Moli Romero en Lora del Río; y, en abril de 1883, unos 500 obreros abandonan el trabajo y acompañan el cadáver del calderero José Fernández en Huelva.

En Coronil, pueblo con sección de mujeres, fallece la compañera Francisca Mateos Gutiérrez de 20 años de edad en enero de 1883; cumplió en vida con sus deberes de federada, y no profesó religión positiva alguna; fue acompañada al cementerio por más de 150 asociados que conservan grata memoria de sus relevantes cualidades. Y el 15 de mayo muere la colectivista de 19 años Carmen del Valle Palacio, «su muerte ha causado honda impresión», la cual rechaza los auxilios religiosos.

En La Línea de la Concepción, el 11 de febrero de 1883, en asamblea extraordinaria de la Federación local se presenta a Universo, hijo de pareja federada, carpintero él, inscrito civilmente; el niño muere a los 7 meses de viruela y no les permiten enterrarlo en el cementerio, por lo que lo hacen en el exterior, junto a la puerta. En la asamblea del 25 de febrero se presenta a la niña Salud, Verdad y Justicia; llegados a este punto, la policía considera que hay que intervenir e incauta la documentación y detiene a 26 asociados, incluidos los padres, a quienes llevan a la cárcel de San Roque, en la que continúan en abril; de ello se hace eco *El Calpense*, de Gibraltar, que asegura que hay un libro registro en el que están asentadas las partidas de criaturas bautizadas por la sociedad con nombres mitológicos.

En la sesión del 19 de diciembre de 1883 de la CF se informa de que en Granada «un compañero de esta federación ha bautizado civilmente á una niña suya con el nombre de Regeneración Social». El 7 de abril de 1885 se registra a Demófilo Cañas Chacón, «convencidos de que son innecesarias todas las religiones positivas para que el individuo sea moral, pues es producto de la educación que reciba y de sus pasiones más o menos violentas [las cuales dependen del estado del cerebro, de aparato digestivo y del sistema nervioso]».

Entrada la primavera de 1884, en Marchena se inscribe a la niña Justicia, Verdad y Moral, y un cura amenaza a la madre con dar parte al juez por no estar bautizada, lo cual es contestado como corresponde —«a estos clérigos se les figura que no se les ha acabado su época»[4]

—. Un año después se inicia pleito a un compañero que no pasa por la pila a su hijo. Y en marzo de 1886, el afiliado José Fontanilla inscribe a Sócrates, después de forcejear con el juez, que aducía que no era nombre usual.

La Campana[5] es una localidad sevillana con bastante actividad civil (aunque nuestras noticias son de 1885 en adelante). En marzo, el juez se niega a inscribir a Jordano [sic], Proudhon Copérnico, y acepta el Antonio Jordano, por lo que el compañero padre pleitea. El 20 de mayo se celebra juicio contra Antonio Martín por enterrar a un hijo civilmente después de que se lo prohíban, se le pide 6 meses y 250 pesetas, y se le absuelve. En junio entierran a Giordano Bruno sin problemas. Después se inscribe a Universo Carsudilla Montero, hijo de agricultores. En noviembre vuelven las trabas cuando desean llamar Anárquico, Universal Kropotkin a un niño, por lo que recurren al juzgado de Carmona, y les dicen que pueden nombrarlo como deseen. El 21 de julio de 1887 —año en que la difteria causa estragos, en especial, en la infancia— se entierra a un compañero civilmente y lo hacen fuera de las tapias del cementerio, donde hay otros 3, y se preguntan por qué, pues dicho espacio es costeado por el municipio[6]. En marzo de 1888 se inscribe a Giordano Bruno, hijo de Dolores González y José Ibáñez; y desean hacerlo a la niña Antorcha del Porvenir, hija de Beatriz Muñoz y Manuel Ballestero, pero el juez no lo admite, por lo que la inscriben como Sofía Cesarina «en memoria de una nihilista rusa»; y, en diciembre, a la niña Palmira Michel, hija de María Fernández y de Andrés Calzadilla, «conducta digna de ser seguida por cuantos se precian de revolucionarios».

En Cádiz comienza a practicarse más lo civil a partir de 1886, tras la vuelta de Fermín Salvochea y la formación del Círculo Guillén-Martínez[7], publicitado en *El Socialismo*, desde el que se insta a realizar actos civiles, los que «ojalá procuren imitarles los que blasonan de librepensadores, para de este modo aminorar en parte la satisfacción de los enemigos del bien humano». En febrero de 1888 se entierra civilmente a Isis, Hipatía, Constancia de Neira y Ríos Moreno, hija de Andrés. En marzo se entierra a una hija de Francisco Delgado.

Si resulta complicado rastrear los matrimonios civiles de anarquistas en la prensa, mucho más lo es constatar las uniones libres. Estas son producto de la atracción mutua, sentimiento natural, y combaten el Estado, pues (según Bakunin) el matrimonio reproduce la jerarquía autoritaria del mismo, con el varón a la cabeza. Es casi seguro que ya existen en la década del 70 en Andalucía, tal como puede pensarse del acta citada de Sanlúcar, en la que se habla de «amor positivo»; o del manifiesto de esta Federación del 11 de junio de 1873 en el que dice «hoy proclaman [las autoridades]... que los hijos del trabajo no pueden unirse pacíficamente». El asunto estaba en la calle, y así lo expresa en *La Emancipación* la gaditana de adopción Guillermina Rojas [1871]: «yo rechazo todo matrimonio, tanto religioso como civil, por creerlos absurdos», y desea la familia fundada en el amor, sustentada en la asociación libre; o de lo que comenta *Las Noticias de Jerez* de agosto de 1873: «anoche fue presa una mujer que daba vivas á La Internacional, á Salvochea y al amor libre»; o, por concluir, lo que refleja la novela *Sacramento y concubinato* (1884) de Manuel Polo, así como "El matrimonio tal como lo entiende La Mano Negra" en la revista *La Lectura Católica*.

Ha de convenirse que, según se afirma, la primera unión libre del anarquismo no es la de las dos hijas mayores de Eliseo Reclus [1882], sino que en Andalucía es anterior. Aunque pongamos en duda la redacción del acta[8] de la unión libre celebrada en Arcos de la Frontera el 4 de agosto de 1882, hemos de admitir la certeza del enlace en la federación local de Trinidad Muñoz Almario, de 19 años, y el vinicultor Prudencio Ruiz Vázquez. Y hallamos también noticia de ello en el «pacto de unión de dos jóvenes federados que se han constituido

en matrimonio por medio del amor libre»[9], lo que sucede en Granada entre la compañera C. M. y C. F., a fines
de 1886.

[06]

AÑOS DE DESCONCIERTO: 1885-1889

Resulta difícil salir de un estado de sumisión secular. Pero, en el caso de las mujeres en Andalucía, muchas dan un paso adelante ahora –«obsérvate y conocerás tus cadenas»–. La popularidad del colectivismo entre ellas en 1881-1883 puede verse en la copla que recoge *El Día* (12/03/1883): «Le pregunté a mi morena / que por qué me despreciaba / y me contestó serena / que en la asociación entrara». El golpe descargado por la represión de La Mano Negra sobre el tejido asociativo femenino y la construcción de la sociedad civil en Andalucía es colosal. Tanto que puede pensarse que el poder central y las fuerzas vivas locales casi consiguen sus objetivos. Por de pronto, las firmas femeninas desaparecen de la prensa desde 1884.

Y decimos casi, porque a finales de 1885 todavía hay algún grupo que se mantiene, caso de la Sección de Obreras de Grazalema[1], que envía 12 pesetas de apoyo a *Bandera Social* (4-XII-1885) de Madrid en lo que podemos tomar como el primer movimiento solidario de mujeres anarquistas de España, que engrosan catalanas, madrileñas y valencianas, dado hacia la compañera del administrador de este periódico, la cual aborta por un registro policial. Continúan asistiendo a los actos del 18 de marzo —fecha icónica de la Comuna de París—; en el de Granada, en 1887, «una de las muchas compañeras que asistieron á la reunión pronunció un discurso encomiando la necesidad de la instrucción y de la unión», al tiempo se celebra en el Teatro Isabel la Católica reunión para solicitar las 8 horas a la que acuden unas 1000 mujeres. Asimismo, en Paradas asisten a la conmemoración del primer aniversario de los mártires de Chicago el 11 de noviembre —segunda fecha icónica—. En Antequera, donde funciona el grupo Once de Noviembre, en la velada de este aniversario se lee un trabajo por indicación de una compañera, el cual es muy aplaudido.

De nuevo en Granada, en marzo[2] de 1888, la celebración del grupo Transformación Social está presidida por las dos muchachas más jóvenes, hijas de Tomás González Morago y de Mariano Cuéllar, a las que arropan unas 80 compañeras, que intervienen en los brindis; adornan el local con retratos de Luisa Michel, y cantan el *Trágala*, en honor de los vecinos de enfrente, jesuitas. Al año siguiente, el grupo es tan numeroso que decide, en reunión abierta en la Alhambra, doblarse en otro, Sin Patria. (Tiene en su poder el archivo de la Comarcal Este y propone destruirlo para evitar cuestiones personales).

En Sevilla consta la presencia femenina en la segunda parte de la década, pues las vemos en torno a *La Solidaridad* (1888-1889), a la que apoyan económicamente, caso de Dolores Morales con 1 peseta, y la recaudación que realiza Dolores Núñez entre compañeras, de 10,50 pesetas, para presos de Río Tinto; en la ciudad de la Giralda, además, la velada del 17 de marzo de 1889 es presidida por una compañera[3] y, en ella, «no faltaron asi mismo esposiciones doctrinales y afirmaciones revolucionarias, mereciendo especial atención el sexo femenino»; de la hispalense son Dos compañeras que le desean salud a los presos de Bilbao, a los que aportan 25 cts.; y, desde aquí, Una revolucionaria y Otra ídem donan 10 céntimos cada una para premio al mejor *Himno anarquista* que se presente al 2.º Certamen Socialista[4]; además, las citadinas Una que desea venganza, Una revolucionaria, Una partidaria del amor libre, Una joven atea, Otra están presentes en el nacimiento de *La Alarma* (22/11/1889); y, poco después, la entusiasta E. C. colabora con 25 cts. en la compra de una prensa para Zaragoza. Desde Adra donan para anarquistas presos, en agosto: La madre de un anarquista, 25 cts., y María Gutiérrez Crespo, id.

En 1886 se abre algún Centro de Instrucción, como el de Jerez, y en Arcos se desea abrir un Centro de Amigos, aunque tienen escasa actividad. Incluso, la emprendedora Sevilla tiene que esperar a 1890 para abrir el Centro Obrero (Amor de Dios, 23). Y no es hasta 1893 cuando se dinamizan los Centros de Estudios Sociales en Cádiz, Los Barrios, La Línea, Algeciras o Jerez.

Al tiempo continúan los actos civiles en 1886. Desde Aznalcóllar informan de la inscripción de Mártir de la Humanidad, hija de Antonia Carrasco y Antonio Caballero, en 1886; y Universo, hijo de José López. En Mollina (Málaga) se inscribe a Universo, Progreso, Libre, hijo de Ana Cordón y Manuel Cano. Activa se muestra la federación de Granada, tal el entierro de una hija de 2 años de Encarnación Moriya y Mariano Cuéllar el 12 de noviembre de 1886, que al día siguiente da a luz a Universo, con la consiguiente dificultad para registrarlo; después se entierra a la compañera de Bartolomé Moya y al niño Demófilo Cañas.

En Alcalá del Valle, en 1887, se inscribe a Humanidad, hija de José Moreno; y se entierra civilmente a un compañero, lo que causa asombro y alarma en la burguesía. En Antequera, el 18 de julio de 1887 se entierra a Antonio Gutiérrez Moreno, el cual había encarecido que no le molestaran los curas, pues «detestaba de la religión en todas sus manifestaciones, por inmoral é injusta y ser causa de todos las males que á la humanidad proletaria aqueja».

El 11 de febrero de 1888 se inscribe en Granada a Palmira Cuello, «acto al que asisten 20 compañeras y 35 compañeros, que recibieron á la recién nacida como á futura obrera de la reivindicación social»[5]; más Felicidad, hija de Francisco Caballero; el 9 de abril, a Julio Cuellas, ante un centenar de compañeros de ambos sexos; además se realiza un acto en el que se coloca una lápida con retrato e inscripción «en la humilde fosa donde yacen los restos del valiente adalid de la Revolución social Vicente Perales»[6]. En mayo de 1888, en Sevilla, se registra a Lingg, hijo del anarquista Juan Ruiz, una vez que se popularizan los nombres relacionados con los mártires de Chicago[7]. Y en Baza se da entierro a 6 párvulos. En Berja (Almería) se entierra al joven Francisco Rodríguez. En Loja se inscribe a Progreso y se realizan 5 entierros. En Jerez de la Frontera, en septiembre, la compañera de Manuel Reguera Cobo da a luz a dos mellizas y «por no estar conformes en seguir más los caprichos de nuestros enemigos los burgueses»[8], las inscriben como Palmira y Luisa.

Entrado 1889, de anarquistas en Paradas, fallece el niño Julio Fernández Morilla el 3 de febrero y, el día 8, la niña Pilar Fernández Carmona; en ambos casos con problemas al ir a enterrarlos. El 17 de mayo se inscribe en Granada a Antoñita Libre, hija de Antonia Serrano y Manuel Rodríguez, tras la que se produce una manifestación por el barrio árabe del Halbaicín [sic], zona de una plaga de conventos. Pero la reacción no para: en Adra, los jesuitas bautizan a un hijo del compañero Rubio López, en ausencia de sus progenitores; y en Espejo un cura quema un ejemplar de *Entre campesinos*; en Vilches (Jaén), en junio de 1889, el compañero Calixto de la Torre desea inscribir a Palmira y el juez (republicano) se niega a ello.

Contundente es también el golpe al asociacionismo obrero[9], en especial a la Unión de Trabajadores del Campo —a su congreso de 1887 solo asisten Grazalema, Benaocaz y Benamahoma, con afiliación escasa—. Durante la segunda mitad de 1883 y en 1884 hay localidades que mantienen la federación y otras se rehacen, pero mermadas, desconectadas, con menor capacidad de imponer sus pretensiones. En agosto de 1886 se reconstruyen las federaciones de Málaga y El Puerto de Santa María, que desea abrir escuela laica, y a finales de año la de Granada. O quedan secciones como la de panaderos de Cádiz, activas en el librepensamiento.

La situación de muchas familias es desesperante –R. Mella, que ha visto la miseria en Galicia y Castilla, se queda perpejlo de lo que ve en las calles de Andalucía cuando llega aquí en 1887; el compañero Diego Martínez, de 19 años, se suicida en La Línea por la precariedad; el corresponsal de *El Productor* de Paradas retrasa sus crónicas al carecer de 15 céntimos para el franqueo–. Los sueldos continúan de hambre; en Lora del Río, en 1885, «los obreros del campo ganan —cuando trabajan— veintiún cuartos [2 reales y medio] y dos panetes negros que ni los perros los pueden comer».

No hay que desdeñar la división que conlleva la corriente anárquico comunista en Andalucía y su presencia a partir de 1885 –FTRE se disuelve en 1888–, difícil de rastrear al engrosarse con grupos o individualidades no federados —«convencidos de apartarse de toda clase de política y de que llegue pronto el día de la reivindicación humana»—, así el Grupo de Jóvenes de Cádiz o los habidos en Nerva, Chiclana, Puerto de Santa María, San Fernando, Huelva, Villaluenga, Jerez, Espigón, Ronda, San Roque, Utrera, Lebrija, Guillena, Argel,

Granada, Antequera, Paradas, Grazalema, Las Cabezas de San Juan[10], etc., en buena medida por el impulso recibido de Sevilla, algunos de los cuales deciden obviar las diferencias y unirse al colectivismo para reabrir secciones.

Resulta sorprendente el comprobar en los discursos y en la prensa que lo que no se diluye es la esperanza de una pronta Revolución Social. Si aquí la actividad es menor, se mira a otros lugares de España y, en especial, a Europa y América. En las asambleas se acuerda «enviar un cariñoso recuerdo á todos los que han perecido por la causa del trabajo, un fraternal saludo á todos los que han padecido y padecen persecución de la burguesía, y un abrazo á todos los explotados del mundo, sin distinción de escuela, nacionalidad ó sexo, pues ya no hay fronteras para los hijos del trabajo».

Queda, pues, el sustrato que mantiene la llama, al que se continúa persiguiendo en la segunda mitad de la década del 80 con la cantinela de organización secreta o la de ser internacionales, caso de La Campana, Prado del Rey, Bosque o Alcalá de los Gazules; o en la perpetración de otra *mano negra* durante la quema de campos en la zona occidental en el verano de 1887[11], caso de Grazalema, Benaocaz, Ubrique, La Campana o Paradas, con detenciones e incautación de documentos (legales). En

Grazalema, tras el asalto al local obrero, se detiene a 6 mujeres y 10 hombres; y, en el otoño, se detiene «á una mujer á quien se encontró un cuadernillo de papel comercial en blanco, fué por este motivo presa y también su marido»; también se apresa a José Chacón, vuelto loco por los apaleamientos, «que con la prisión de su mujer, han quedado en el mayor abandono cinco criaturas». A las mujeres de presos —se dice— se les intenta seducir con la promesa de la liberación. En Benamahona, la guardia civil irrumpe de noche en casa de un compañero ausente y, tras la incautación, acosa a la madre, de 72 años, para que confiese su paradero.

En industria, a partir de 1886, se reactiva la organización obrera, ya sin la extensión anterior, en torno a objetivos puntuales (coincidentes con el ámbito nacional): la lucha por las 8 horas, en la que tiende a los pactos de unión, amistad y solidaridad, que se suceden en las dos décadas siguientes; o la promulgación de la ley de asociaciones en junio de 1887. Se plantea alguna huelga con el ímpetu de años anteriores, tal la exitosa de mayo de 1889 en el ramo manufacturero en Antequera, con apoyo económico del obrerismo local, entre ello, Una sirvienta de casa, 50 cts. En esta localidad son constantes los conflictos; en la huelga de 1893, una mujer acomete a una de las *esquirols*, la cual, a pesar de sacar un cuchillo, se lleva una tunda.

Otra huelga, la de las tejedoras de La Industria Malagueña en julio de 1890 al rebajarles el sueldo, con brotes de soliviantez acompañados de piedras contra los cristales de la fábrica y las puertas de la calle Larios –la consideran suya, al haberse construido con el fruto de su sudor–; los operarios quedan también en paro forzoso y, cuando intentan arreglarlo, les contestan que «si tenían hambre, se comieran á las mugeres»[12]; estas se enfrentan a la caballería, se ponen de rodillas delante y muestran a criaturas de pecho, por lo que algunas terminan contusas y otras son presas; la necesidad les hace volver al trabajo.

Son de mencionar las 4 mujeres (y 2 niños y unos 45 hombres) asesinadas por el ejército el 4 de febrero de 1888 en la plaza de Río Tinto, ante el gobernador de Huelva, cuando protestan por las teleras, calcinaciones al aire libre de la mina que arruinan campos y salud con las mantas –quizás, la primera reivindicación ecologista–. Ello según *El Socialismo*, en cuyas páginas se abre una suscripción a favor de las víctimas, en la que aportan: Teresa, 0,25 ptas., Carmen Tendillo, 0,25; y la mencionada de Dolores Núñez para quienes permanecen presos en Valverde del Camino.

[07]

CODA FEMENINA. HACIA EL FIN DE SIGLO

Las noticias que poseemos relativas a la década última del siglo son fragmentarias, fruto de las vaguadas de la prensa libertaria. El anarquismo ha entrado en una onda nueva, en la que se desarrollan, al par que las secciones obreras, los grupos anarquistas, y el colectivismo –lejos aquí el anarquismo individualista– se ve reducido a algunos núcleos[1], tal el de Sevilla y *La Alarma*. La esperanza en la revolución pronta es firme, aunque el horizonte dibuje apenas emigración y «el hambre, con todo su séquito de depravaciones, esté a la orden del día». Ideológicamente, son años cumbre.

La década comienza con la reactivación obrera en torno al 1.º de Mayo de 1890 –año del sufragio masculino, mes del miedo burgués y tercera fecha icónica– y las 8 horas de trabajo. El campo resurge. Las veladas de marzo y noviembre se viven «como descuento de nuestros habituales sufrimientos y un adelanto de las dulzuras que el porvenir reserva á los que tengan la dicha de alcanzar la sociedad ultro-revolucionaria». No es infrecuente el que, entre discursos, música y poesía, intervenga la infancia, caso de la niña Mansera en Málaga, ya nombrada. En Sevilla, «la concurrencia no podía haber sido mayor, pasando de tres mil personas. El bello sexo ocupó gran parte del salón llevando en sus brazos á sus pequeñuelos, y los hombres llevaban a sus hijos de la mano para que se impresionaran y empezaran á amar la gran causa que habrá de redimirlos». En Paradas asisten «muchas compañeras y jóvenes, reinando una animación y entusiasmo dignos de consignarse».

En estos actos, pues, abundan las obreras, también en Lebrija o San Fernando. Aparecen en la palestra grupos anarquistas de mujeres como las Desheredadas, de Paradas (Sevilla, 1891), «con el propósito de ayudar con todas sus fuerzas á la obra de nuestra emancipación», que apoyan el congreso agrario de diciembre o aportan 1,50 pesetas en enero de 1893 para la corona por los agarrotados de Jerez; allí está constituida la Sección Varia Libre de mujeres, con Teresa Reina (calle Laguna, 86), que donan 8 pesetas para los presos del 1.º de Mayo de 1891 —«Esclavas del trabajo [1891], emancipémonos del odioso capital que nos explota [...] y no lo dudéis, cariñosas hermanas, mereceremos los beneplácitos de nuestros sucesores por haber cumplido como seres dignos y libres y no como míseras esclavas»—. La Mecha, de Lebrija (Sevilla, 1891-1892), anárquico-comunista. Las Convencidas, de Sevilla (1893); allí perora Carolina Infante, de 19 años, sobre el derecho de la mujer, en la conmemoración de los agarrotados en Jerez el 10 de febrero. O Las Mártires del Trabajo, de Campillos[57] (Málaga), en mayo de 1893, con Carmen Carmona Jiménez; de allí es María González Valle, Teresa Mora Carmona, Francisca Martínez Guerrero, Araceli Molina Romero, María González Carmona, Ana Palacios Lozano, Ana e Isabel Galeote Jiménez, Carmen Molina Martín, Ana García Mesa, Catalina Romero Morgado. En Cádiz, el grupo Desea vengarse (1893) lo componen 2 compañeras, Feliciana López e Isabel González F., y 11 compañeros. A la huelga de 2 de mayo de 1891 se suman en Antequera las criadas y las amas de cría.

De Jerez de la Frontera es la compañera María Ávila [octubre 1891], que, con prosa desenvuelta, llama a la asociación de mujeres y de hombres, y «sin traspasar los límites de nuestro sexo ni aspirar á cambiarle, sin descuidar las ocupaciones que nos incumben, podemos y debemos trabajar en pro de la humanidad». En Adra se inscribe a una hija de Teresa García y Antonio Larios en noviembre de 1890, «con tal motivo hanse *escandalizado* todos los ignorantes y burgueses de la población».

En Cádiz, Mercedes Custodio interviene (con Salvochea y otros) en el meeting celebrado en el Círculo Obrero de Cádiz de cara al 1.º de Mayo de 1891, en el que propone que no se paguen los alquileres a caseros. Meses después, del gentío concentrado en la Plaza de San Juan de Dios el 7 de diciembre de 1891 «salió una voz de muger que dijo con la gracia y energía propia en las hijas de la revolucionaria Cádiz, ¡vamos a la cárcel!»[58], y hacia allí se dirigieron dando vivas a la anarquía y a la revolución social, para esperar a Salvochea que era conducido al juzgado, a cuya salida, escoltado por 8 parejas de la guardia civil, precedían «más de 3000 personas de todos sexos y edades».

La Anarquía informa en octubre de 1891 de que en Los Barrios se inscribe civilmente a Bienvenida Pérez y Polo, hija de Diego; en Jerez se entierra a Francisco Olmedo Ruiz, de 22 años; y se hacen aportaciones para presos; desde Loja (Granada), Una compañera que desea la transformación del orden existente aporta 20 céntimos; desde Puerto de Santa María, la compañera de J. Cocote e hija Tomasa, 26 cts.; en junio, se ha enterrado en La Línea a la compañera del federado Francisco Amador.

Tras los Sucesos de Jerez de enero de 1892 hay aportaciones para las familias de los presos en Cádiz y Benaocaz. Desde Los Barrios: Juana Polo, 0,50 cts. (después desde Algeciras); Una que lava ropa, 0,10; Una que vive tras muros, 0,25; Una que desea arrasar B., 0,25. Alhaurín de la Torre inicia el registro civil con la inscripción de un hijo de M. Fernández. En Paradas, con el «bonito nombre de Liquidación Social» se inscribe a la hija de Dolores Trigueros y F. G., la cual fallece en septiembre; mes en que se unen libremente María V. y A. Suárez. En Campillos, una compañera se opone a que su casa sea registrada sin auto judicial el 8 de marzo, viernes de dolores. Desde Córdoba aportan a presos Jerez, Concha Jaén y Dolores Vieto, 25 cts.; y en octubre nace Danton, hijo de Rafaela P. y J. G. En Priego de Córdoba se inscribe a Alianza Mella Serrano, hija de Ricardo y Esperanza. En Alganirejo, pueblo de libertad civil y de participación de las mujeres, se obliga al Ayuntamiento a construir cementerio civil. En Los Barrios donan a presos: Josefa Fajardo, La compañera de J. Blanco, Una lavandera, La compañera de F. Polo. En Marchena se unen libremente la compañera S. E. con F. G; de allí es Dolores García Fernández, activa, que cambia de lugar en 1893.

En enero de 1893 se inscribe en Bujalance (Córdoba) a Sara, hija de Ana Ramírez y Torralvo. Año en que la compañera de Matías Granero, de Córdoba, cotiza 10 céntimos; y con 25 cts. lo hacen: María V., que odia a la burguesía, de La Línea; 2 mujeres de Jerez; Una mujer con seis hijos de Calañas; y la compañera C. P. de Ubrique. El 23 de febrero se inscribe a Parsons, en Sevilla, hijo de Teresa Roja y José Herrera. En marzo, en Córdoba, a Palmira, hija de Concepción Jaén y Matías Granero. En Lora del Río (Sevilla) a Teresa Acracia, hija de Consuelo B. y Juan Rojas; y no se permite el bautizo de Parsons a las puertas de la muerte. De la zona de Benaocaz donan pro-presos: Un grupo de mujeres, 78 cts.; Una desheredada, 5; y Una niña, 50.

En mayo de 1893 se registra en Cádiz a Acracia, hija de Teresa Camacho y Antonio Villa. De Loja donan para delegado a Conferencia de Chicago: las compañeras de A. Godoy, Moco, J. Garrido y J. Rubio; Concha Casado de Jerez; Dolores García y Julia Núñez, 50 cts., de Huelva; Dolores Gil, 10 cts., de La Línea; Una que desea ver arder los tres puntales de la sociedad C. R. y E., 15 cts., Otra que no quiere burgueses, 15 cts., de Bornos; 12 mujeres de Medina Sidonia; de Ubrique[4].Una compañera que desea la igualdad del hombre y la mujer, 25 cts., y María Morales Panal, 5 cts.; Dolores G., de Fuentes de Andalucía; María González, 0,10 cts., de Aznalcóllar; de

Cádiz: Encarnación Robla, 10 cts., Dolores Carrasco, 0,25 y 2,50. En mayo se suceden 3 entierros civiles en Ubrique, y al de Andrés Quintero en Medina Sidonia acuden más de 1000. En junio, de Málaga, María Grima aporta 10 cts.; de Bornos: Ana F. G., Francisca García Sánchez, María Delgado Gutiérrez, Ana Grivou Sevillano, Luisa Gómez Sagardoy, María Barrio Gómez, Rosario, Ramona, Aurora y Catalina Medina Gómez, 10 cts., Ana Ramírez Pintos, María Enríquez Ramírez, María Lozano Enríquez, Isabel Castro, Isabel Redondo Castro, Rosario López Hidalgo, Dolores Pintos; de Granada: Ana Sevilla, 50 cts., Manuela Martínez, 25 cts., Concepción Barranco, Soledad Navarro, María Escamilla, 10 cts. En agosto, Emilia Faulime, de San Fernando, aporta 0,05 cts. para presos, y Palmira, 50 cts. En septiembre lo hacen Feliciana López e Isabel González, de Cádiz; el mismo mes en que se unen libremente María Vejo y Francisco Polo en la Línea de la Concepción, y se inscribe allí a Parsons, hijo de Manuela Cosa y Miguel Cano.

En 1894, desde Málaga, aportan Leonor Gutiérrez, e Isabel y María Mingorance a favor de las familias de Francisco Ruiz y Paulino Pallás. En septiembre, en Los Barrios se inscribe a Salud Redención, hija de Juana Polo y Diego Pérez. En Ubrique se entierra civilmente en diciembre a la compañera María Morales –«adornábale una poco común cualidad en su sexo [...pues] había conseguido despreocuparse de las máximas con que embrutecen las inteligencias las diferentes religiones positivas».

En enero de 1895 se inscribe en Málaga a Palmiro, hijo de María González. Y, en Córdoba, a Galileo, hijo de Ana Zapata y Miguel Mateo Martínez. En Algarinejo (Granada) se inhuma civilmente a una hija de Magdalena Delgado y Agustín Covaleda. En marzo, en Antequera, se inscribe a Palmira, hija de Rosario Paradas y Rafael Olmedo, que se habían unido libremente, por lo que ella recibe insultos; dos días después muere su hermano de tres años, con entierro civil. También en marzo, en Bornos (Cádiz), se inscribe a Palmira, hija de Josefa Sánchez y Rafael Giménez, primer registro civil. En mayo, en Málaga, inscripción de la niña Redención, hija de Amalia Triano y José Mesa; y de Universo, hijo de Ana Cuadrado y Juan Guerrero.

En enero de 1896 se unen libremente Josefa Pérez y Francisco Ruiz en Málaga. Y ese mes se inscribe en Córdoba a la niña Luz del Progreso, hija de Rafaela Pérez y José González. En esta ciudad están unidos libremente la compañera R. Baena y A. del Pozo, a quienes se les muere una hija de 1 mes en abril; el cura les dice que no está el sepulturero para el cementerio civil, pero la comitiva entierra a la niña. Desde La Línea aportan 5 o 10 céntimos a favor de *El Corsario* de La Coruña: María Álvarez, La madre de un preso, La hermana de un preso, Una que desea la revolución social, Una compañera que odia al clero; desde aquí, en junio, 140 mujeres hacen huelga en la fábrica de corchos de Larios para impedir el trabajo a destajo. Y en Huelva, la compañera de J. Laso da a luz un niño al que inscriben civilmente. En Lora del Río, en mayo, las mujeres se manifiestan ante el ayuntamiento pidiendo subida de salarios para los braceros. En el verano hay agitación ante el envío de soldados a Cuba; en Viso del Alcor, las mujeres se amotinan ante el consistorio.

Estrenado el siglo, funciona en Cádiz La Igualdad (1902), a la que se afilian costureras, cigarreras y demás, animadas por los escritos en *La Razón Obrera* de Milagros Peña, María Claridad y Antonia Verdades, que montan Academia Femenina; Trabajadoras Rebeldes, de Jerez (1903), con María Bocanegra; o las campesinas de Alcalá del Valle (1903), con Ana Cabello. En La Línea de la Concepción (1901) son encarceladas Elisa Aragón, Marisa Belango, María García, Ana Vázquez y Antonia Benítez. En esta población, donde enseñan y escriben Gabriela Alcalde y su hija Gabriela Álvarez, se celebra un mitin feminista[5] en julio de 1901, que abre María Alcoba, en el que intervienen Elena de Casa, Ana Rodríguez, Catalina Chacón, Manuela Ruiz, Carmen

González, Ana Villalobos Horrillo y su hija Paca Sánchez, de 12 años; ambas recalan en Sevilla, en donde se mueve Encarnación Gómez Ripoll, la *Virgen Roja andaluza*, que mitinea y escribe en *Al Paso, El Corsario* o *El Rebelde* en 1903, desde la cárcel, pues no puede «menos que coger la pluma por el amor que siento hacia todos los que sufren este régimen»; su amiga Caridad Alcón, también oradora y escritora, abre una suscripción en 1911 para mitigar su pobreza última. Un ambiente que acoge a Soledad Gustavo y Teresa Claramunt (cuya hija Proletaria Libre fallece en 1889) cuando viajan al sur a principios de siglo. Queden las últimas líneas del párrafo para las 4 anarquistas encarceladas en Córdoba en abril de 1919, en donde continúan a finales de año, fechas en las que una muere por huelga de hambre.

AL LLEGAR AL FINAL

La cuantía y dispersión de secciones obreras femeninas que se suceden en Andalucía en 1881-1883 no vuelve a fructificar en España hasta la implantación de Mujeres Libres durante la guerra revolución de 1936 – con independencia de las del textil catalán, las cuales, por su lado, tienen mayor conexión con el librepensamiento, el republicanismo o el societarismo de Las Tres Clases de Vapor–. El colectivismo era más propicio que el comunismo anárquico para el obrerismo femenino, dado su grado de conciencia.

La Mano Negra, el maquinismo creciente, la sobre-producción nacional, el rearme de la burguesía ante las reivindicaciones del trabajo, su empeño obcecado en no reconocer el derecho a la vida proletaria, la política del privilegio defendida con mano dura... mantienen en la miseria a miles de familias, abocadas a la emigración o a la precariedad en estas dos décadas.

Asunto ajeno al miramiento de esta exposición es la repercusión de La Mano Negra en España, la cual es notable sobre todo en lugares en los que no está consolidada la FTRE, caso de Burgos, cuya federación local se disuelve en la primavera de 1883, o de la prisión que sufren los colectivistas de Villanueva de la Serena (Badajoz). Y, en especial, las suspicacias que crea en el seno de la FTRE, lo que lleva a emplear energías en discusiones internas que hubieran sido necesarias para consolidar lo hecho. Sugerente sería, igualmente, ahondar en la repercusión que tuvo fuera del país, de la cual es muestra el folleto *Il trionfo del l'ordine*, que hallamos en venta en París a finales de 1888.

La asociación obrera anarquista y el librepensamiento dibujan un perfil de diente de sierra. No solo es la represión o las divergencias internas las que rebajan los picos con los infundios, la cárcel y la dificultad de cotizar, sino la falta de cultura asamblearia del común de la gente (proclive a la movilización por emulación) y las exigencias de la vida diaria, algo que se multiplica en el caso de las mujeres, lo que lleva a descuidar las obligaciones colectivas y a confiar los problemas en los liderazgos. No obstante, aumentan las personas conscientes, agrupadas en medida notable, que contribuyen al impulso del sindicalismo siguiente. Resulta difícil no desfallecer en la lucha ante la represión constante, pero la prisión o el hambre se toman como inconvenientes momentáneos, que se compensarán con creces en la Anarquía el día de la Revolución.

En el ínterin está la Libertad, el bien más preciado, la cual exige esmero, «puesto que el que quiere ser libre, por sí mismo ha de conquistarlo». Y las tertulias, «ratos de solaz gozados en la fraternidad más sincera, como el laudable propósito de contribuir á la propagación de generosos ideales».

«¡Cuánto tarda el día anhelado de la verdadera justicia humana! ¡Temedla, tiranos! ¡Vendrá!».

[08]

FUENTES Y BIBLIOGRAFÍA

PERIÓDICOS

La Alarma, Sevilla, 1889-1890

La Asociación, Barcelona, 1883-1887

La Autonomía, Sevilla, 1883-1884

Bandera Roja, Madrid, 1888-1889

Bandera Social, Madrid, 1885-1886

Boletín de la FRE, Alcoy / Madrid, 1873

El Chornaler, Valencia, 1883-1884

La Correspondencia de España, 1882-1884

El Corsario, La Coruña, 1891-1896

Los Desheredados, Sabadell, 1882-1886

La Federación Igualadina, 1883-1885

El Guadalete, Jerez, 1883

El Hijo del Trabajo, Pontevedra, 1882
El Imparcial, Madrid, 1883-1884
La Justicia Humana, Gracia, 1886
El Motín, Madrid, 1882-2884
El Oprimido, Algeciras, 1893
El Productor, Barcelona, 1887-1893
La Propaganda, Vigo, 1881-1883
La Protesta, La Línea, 1901-1902
Revista Social, Madrid / Sans, 1881-1885
El Socialismo, Cádiz, 1886-1891
La Solidaridad, Madrid, 1870-1871
La Solidaridad, Sevilla, 1888-1889
Tierra y Libertad, Gracia, 1888-1889
El Trabajo, Cádiz, 1899-1900
El Trabajo, Málaga, 1882
La Tribuna Libre, Sevilla, 1891-1892

ARTÍCULOS DE MUJERES

Una Agricultora. (1883). [Benamahoma. Una compañera...]. *Revista Social*, 83, 4 de enero, pág. 4.

Una Agricultora. (1883). [Á las mujeres de Benaoján]. *Revista Social*. 127, 8 de noviembre, pág. 2.

Una Agricultora. (1883). Á las trabajadoras de Jerez de la Frontera. *Revista Social*. 122, 4 de octubre, pág. 3.

Agricultoras de Coronil. (1881). [Compañeros]. *Revista Social*. 30, 29 de diciembre, pág. 4.

Una Arrazadora. (1882). Á todas las trabajadoras en general y á las arrazadoras en particular. *Revista Social*, 68, 21 de septiembre, pág. 2.

Ávila, María. (1891). Una más. *La Anarquía*. 63, 19 de noviembre, pág. 2.

Besant, Ana. (1888). ¿Por qué soy socialista? *El Socialismo*. 46, marzo, págs. 1-2 [Denver, Colorado, copiado de Labor Enquirer].

– (1888). Defended la bandera (poema). *El Socialismo*. 50, 13 de julio, pág. 4.

Carmen C. (1893), Compañeros y Compañeras. *El Productor*. 351, 18 de mayo, pág. 3 [de Las Mártires del Trabajo, Campillos].

Carvia, Amalia. (1887). Discurso leído... *El Socialismo*. 40, 1 de octubre, págs. 7-8.

Cohen, Rosa. (1888). La ley de hierro del salario. *El*

Socialismo. 45, febrero, pág. 3 [Joven de Denver, copiado de Labor Enquirer].

Una Compañera. (1882). Á la Federación de Cádiz y su provincia. *Revista Social*. 41, 16 de marzo, pág. 3.

Una Compañera. (1882). Á las trabajadoras de Andalucía en general y á las de Ubrique en particular. *Revista Social*. 47, 27 de abril, págs. 2-3.

Una Compañera. (1883). Á las compañeras de Alcalá de los Gazules. *Revista Social*. 113, 2 de agosto, pág. 3.

Una Compañera. (1883). [Á las mujeres de Jimena de la Frontera]. *La Autonomía*. 32, 19 de agosto, pág. 2.

Una Compañera. (1884). [Compañeras... de Algar]. *La Autonomía*. 48, 5 de febrero, pág. 4.

Una Compañera de Benamahoma. (1883). Á los obreros de Prado del Rey. *Revista Social*. 101, 10 de mayo, pág. 4.

"Consideraciones generales sobre el estado de la instrucción entre las obreras". (1889). *La Solidaridad*. 48, 28 de julio, págs. 1-2.

Díaz, Manuela. (1882). Discurso... en el Centro de Trabajadores del barrio de la Macarena de Sevilla. *Revista Social*. 64, 3 de agosto, págs. 2-3.

Durán, Vicenta. (1882). Compañeros, yo saludo... *La Propaganda. Eco de la clase trabajadora*. 53, 8 de octubre, pág. 2.

– (1882). Á las obreras de la Región española en general y á las de Sevilla en particular. *La Propaganda*. 61, 8 de diciembre, pág. 3.

"Esclavas del trabajo". (1891). *El Productor*. 251, 18 de junio, pág. 3 [Paradas].

Gómez Ripoll, Encarnación. (1903). El sueño de una presa. *Tierra y Libertad*. 319, 8 de noviembre, pág. 2.

J. M. (1883). [Á todas las obreras de Ronda]. *La Autonomía*. 38, 7 de octubre, pág. 3.

J. T. D. (1883). [Compañeras... de Ubrique]. *La Autonomía*. 41, 1 de noviembre, pág. 2.

Luna, Isabel. (1882). A las obreras agrícolas de España en general y a las de la Serranía de Ronda en particular. *Revista Social*. 42, 23 de marzo, pág. 2.

– (1883). *La agricultora prisionera*. Sevilla: La Autonomía (folleto).

Moya, Josefa. (1882). A las compañeras de Ronda. *Revista Social,* 34, 26 de enero, pág. 2 [Arriate, 2 de enero de 1882].

Una Obrera. (1882). [Compañeros del Consejo de Redacción]. *Revista Social*, 68, 21 de septiembre, pág. 2 [desde Arcos de la Frontera].

Una Obrera del campo. (1882). Á las proletarias. *Revista Social*. 80, 14 de diciembre, pág. 2 [desde Benaocaz; fecha, noviembre].

Peña, Luisa (de Paradas). (1903). Presos... *Tierra y Libertad*. 206, 23 de abril, pág. 2.

Peña, Milagros. (1902). La anarquía. *La Razón Obrera*. 21, 8 de febrero, pág. 3.

Pérez Rendón, Francisca Aurora. (1873). [Compañeras]. *La Paz*. 19 de junio, pág. 2.

R. N. (1883). [Compañeras]. *La Autonomía*. 26, 8 de julio, pág. 4.

Rojas, Guillermina. (1871). La familia. *La Emancipación*, 22, 13 de noviembre, pág. 3.

Sánchez, Ana. (1882). Obreros. *La Propaganda*. 56, 29 de octubre, págs. 1-2 [discurso de esta niña en el Congreso de Sevilla de la FTRE].

Sección de obreras. (1882). Á las obreras de la Serranía de Ronda y á las de Arriate en particular. *Revista Social*. 57, 6 de julio, pág. 3 [La secretaria].

Sección de obreras de Montejaque. (1883). [Al ver que...]. *La Autonomía*. 32, 19 de agosto, págs. 1-2.

Sección de tejedoras. (1882). Á los tejedores de hilo. *Revista Social*. 54, 15 de junio, pág. 3 [Sevilla, la secretaria, 8 de junio].

La Secretaria del interior. (1883). A las trabajadoras de Puerto Serrano. *Revista Social*. 89, 15 de febrero, pág. 3.

Severance, Julia H. (1888). La emancipación de la mujer. *El Socialismo*. 49, 4 de junio, págs. 2-3 [doctora en Medicina, The Alarm, Chicago].

Una Sirvienta. (1882). [Hemos recibido...] *Revista Social*. 49, 11 de mayo, pág. 3 [provincia de Sevilla].

Una Trabajadora. (1882). Á las encañadoras... de la seda de la Región, y á las de Sevilla en particular. *Revista Social*. 72, 19 de octubre, pág. 3.

Una Trabajadora. (1882). Á las trabajadoras malagueñas y en particular a las carreteras... y clases manufactureras. *Revista Social*. 48, 4 de mayo, pág. 3.

Una Trabajadora del campo. (1882). Á las compañeras de la Región y en particular a las de Benaocáz. *Revista Social*. 65, 31 de agosto, pág. 3.

Una Trabajadora del campo. (1882). Á las obreras en general. *Revista Social*. 80, 14 de diciembre, págs. 2-3 [desde Benaocaz; fecha, 8 octubre].

BIBLIOGRAFÍA

"Á la mujer del proletario". (1882). *Revista Social*. 67, 14 de septiembre, pág. 1.

ALAS, Leopoldo. (2001). *El hambre en Andalucía*. Toulouse: Presses.

Almanaque de la Biblioteca del Proletario para 1883. Coord. J. SERRANO OTEIZA. Madrid: Revista Social (Biblioteca del Proletario, 3).

Anarquía, federalismo y colectivismo. Congreso de la Federación de Trabajadores de la Región Española. Celebrado en Sevilla los días 24, 25 y 26 de septiembre de 1882. Barcelona: FTRE.

Asociación de la Mano Negra. Sus estatutos, reglamentos y decretos. (1883). Sevilla: Imprenta La Linterna.

BARBOSA ILLESCAS, Felipe. (2010). *La cultura obrera en la provincia de Cádiz*. [en rodin.uca.es, págs. 51-87].

Biografías de mujeres andaluzas. [en historiamujeres.es].

CARO CANCELA, Diego. (2009). 125 años de La Mano Negra, *Andalucía en la Historia*. VII, 25, julio-septiembre, págs. 54-59.

CHACÓN-CHAMORRO, Victoria & TERRÓN-CARO, Teresa. (2021). Feminismo andaluz. *Athenea digital*. 21 (2), julio.

"Con la justicia y la razón". (1883). *El Imparcial*. 15 de marzo, pág. 1.

Crónica de los trabajadores de la Región Española, Libro I. (1882-1883). Barcelona: L. Gili, ed. *Libro II. (1884)*. Valladolid: Mariano Lozano, ed.

DÍAZ DEL MORAL, Juan. (1929). *Historia de las agitaciones campesinas andaluzas (Córdoba)*. Madrid: Revista de Derecho Privado.

ESPIGADO TOCINO, Gloria. (2015). *Las mujeres en el anarquismo español*. Madrid: La Neurosis o las Barricadas.

"Una excursión de propaganda anárquico-colectivista". (1882). *Crónica de los Trabajadores de la Región Española*. Libro I, pág. 6.

GUTIÉRREZ MOLINA, José Luis. (2002). Andalucía y el anarquismo (1868-1936). *Ayer*, 45 (1), págs. 171-196.

– (2014). *La construcción de un mito. La Mano Negra. Jerez de la Frontera*. Cádiz: CNT-AIT.

KAPLAN, Temma. (1977). *Orígenes sociales del anarquismo en Andalucía*. Barcelona: Crítica.

LIDA, Clara E. (2011). *La mano negra. Anarchisme rural, sociétés clandestines et répression en Andalousie (1870-1888)*. Paris: Éditions L'Échapée.

LLUNAS, Josep. (1882). *Estudios filosófico-sociales*. Barcelona: Tip. La Academia (Biblioteca del Proletario, 2).

MADRID, Paco. (2010). Del terrorismo anarquista al terrorismo historicista. *Al Margen*. XIX, 74, verano 2010, págs. 11-15.

MORALES, José. (1901). Mitin Feminista. *La Protesta.* 94, 8 de agosto, págs. 1-2.

MUIÑA, Ana. (2021). *Rebeldes periféricas del siglo XIX.* Madrid: La Linterna Sorda.

"El nihilismo en Andalucía". (1883). *El Imparcial.* 24 de febrero, págs. 1-2 [Enrique Martínez, corresponsal].

PANTOJA ANTÚNEZ, J. L. & RAMÍREZ LÓPEZ, M. (2000). *La Mano Negra. Memoria de una represión.* Cádiz: Quorum Libros.

PERIS MENCHETA, Francisco. (1883). La Mano Negra. *La Correspondencia de España.* 12 de marzo.

PESTAÑA, Ángel. (1920). El movimiento de mujeres en España. *Pravda* (Moscú). 160, 22 de julio.

PRIETO BORREGO, Lucía. (2012). Las mujeres en el anarquismo andaluz. Cultura y movilización en la primera mitad del siglo XX. *Arenal.* 19,1, págs. 47-74.

Los procesos de la Mano Negra. Audiencia de Jerez de la Frontera. (1883). 6 vols. Madrid: Imp. Revista de Legislación.

R.G.A. (1883). La mujer. *La Autonomía.* 32, 19 de septiembre, pág. 1.

RECLUS, Elisée. (1882). *Souvenir du 14 octobre 1882. Communication personnelle. Unions libres.* Paris: Imp. de G. Chamerot.

ROMERO GARCÍA, Eladio. (2017). *La Mano Negra. Crisis rural en Andalucía a finales del siglo XIX.* Córdoba: Almuzara.

TAUZIN, Isidoro. (1883). *La mano negra y la mano blanca*. Madrid: Tip. El Correo.

VARIOS ANARQUISTAS (1886). Á nuestros compañeros y compañeras de Ubrique. *Bandera Social*. 49, 28 de enero, pág. 3.

Tercer congreso de los trabajadores del campo de la Región Española, celebrado los días 28, 29 y 30 de septiembre de 1882, 1883. S.l.: Consejo de la Unión.

VILLALAVE, Ángel. (1882). *Un grano de arena*. Madrid: Revista Social (Biblioteca del Proletario, 1).

[NOTAS]

PRESENTACIÓN

1. Este trabajo tiene origen en el prólogo a un libro (aún inédito) sobre La Mano Negra, a cuyo autor debo bastantes de las fuentes de hemeroteca aquí manejadas.

1. CONTEXTO . 1881-1884

1. Así, el alcalde y el juez de Medina Sidonia, o el cabo de Montellano.

2. Por ejemplo, Carlos Larios, en Málaga, despide a 18 obreros de su fábrica textil La Aurora por estar federados y, ante la huelga que le plantean, declara que atesora 67 millones para «desengañar á los ilusos que creen en la

mentida solidaridad obrera», lo cual es tomado como afrenta por la FTRE (*Revista Social*, 04/05/1882).

3. *Revista Social*, 74 (02/11/1882), pág. 4. Las pérdidas en Correos son constantes; con motivo del 2.º congreso se envían 18 000 ejemplares a provincias del número 64, de los cuales no logra saberse el paradero a pesar de las múltiples gestiones hechas.

2. ASOCIACIONES DE OBRERAS ANARQUISTAS

1. El texto doctrinal "A la mujer del proletario" (1882) la muestra como acompañante sensible y cuidadora del hombre, y con misión social para la humanidad: educadora de los hijos.

2. "Una prueba más", *El Jornalero*, 20 (01/02/1890), págs. 1-2.

3. Término muy empleado en la época: 'animar', 'exhortar', etc.; suele escribirse 'escitar'.

4. *Revista Social* inserta la serie "Monografías del salario", que desgrana la situación de varias zonas: Córdoba, campo (6-IV-1882), Ubrique, campo (28/12/1882), Sanlúcar, marineros (18-I-1883), Almería (25/01/1883), etc.

5. *Crónica de TRE*, Libro II, entregas 5.ª y 6.ª, cap. 17, junio 1884, pág. 33.

6. *Revista Social*, 30 (29-XII-1881), pág. 4; 33 (19/01/1882), pág. 4.

7. La Unión Mercantil e Industrial, de Sevilla, en marzo de 1887, analiza esa «sustancia deforme» y mugrienta, compuesta de «silicatos, barro, granzas, afrecho, centeno

picado y otros cuerpos impropios para la alimentación del hombre», llamada pan de tierra, dada a los obreros.

8. Las actas publicadas del congreso se aportan como documento subversivo.

9. *Revista Social*, 75 (09/11/1882), pág. 4.

10. "Movimiento obrero. Ubrique", *Revista Social*, 75 (09/11/1882), pág. 4.

11. *Crónica de TRE*, Libro I, entrega 19.ª, cap. 70, agosto 1883, pág. 165.

12. *Revista Social*, 63 (17/08/1882), pág. 2. La costumbre es que el tejedor pague un octavo por cada real que cobra a la carretera que le sirve.

13. *Revista Social*, 47 (27/04/1882), pág. 4.

14. Aquí estalla huelga en abril de 1890 al querer rebajar el jornal a las plegadoras, en cuya comisión están Carmen Collado, Dolores Conde y Trinidad Portillo, con intervención socialista.

15. Para visitar la situación en la que queda la zona de la Axarquía arrasada por el terremoto de diciembre de 1884, en el que familias enteras son acogidas en barracas de plazas y playas.

16. *Boletín de la FRE*, 12 (03/04/1873), pág. 3.

17. *La Propaganda. Eco de la clase trabajadora*, 53 (Vigo, 08/10/1882), pág. 2.

18. *El Productor*, 279 (31/12/1891), pág. 3.

19. Un periódico parisino asegura que en La Mano Negra hay multitud de mujeres y maestros (*El Guadalete*, 20/03/1883, pág. 2).

20. *Crónica de TRE*, Libro I, entrega 22.ª, cap. 83, octubre

1883, pág. 182.

21. Entre el 10 y el 15 de marzo es frecuente la replicación de reportajes sobre ella en *El Día, La Correspondencia de España, El Siglo Futuro,* etc., y en los periódicos locales. Le presta atención el sitio web *Biografías de mujeres andaluzas.*

22. *El Correo* (Madrid, 11/03/1883), pág. 1. Casualmente, la prensa habla entonces con profusión de Luisa Michel –«energúmeno con faldas»– por su proceder ante otro juicio, el de Lyon.

23. *Crónica de TRE*, Libro I, entrega 19.ª, cap. 69, agosto 1883, pág. 163.

3. HONRADEZ

1. Se aprueba el 20 de septiembre de 1869 en Madrid.

2. *Revista Social*, 35 (02/02/1882), pág. 3.

3. *Revista Social*, 85 (18/01/1883), pág. 4.

4. INSTRUCCIÓN Y RECREO

1. Manifiesto del Círculo obrero La Regeneración (20 de octubre de 1886).

2. Las actas del congreso de Valencia, en octubre de 1883 (que no se publican exentas), llevan un adjunto con 150 atropellos cometidos en ese año en Andalucía.

3. El capitán de la guardia civil José Oliver y Vidal y el jefe de la guardia rural de Jerez Tomás Pérez Monforte son los cabecillas severos en la zona de la represión de La Mano Negra.

4. *La Emancipación*, 14 (18/11/1871), pág. 3; 16 (02/10/1871), pág. 4.

5. *Los Desheredados*, 127 (01/11/1884), págs. 1-2.

6. La del 28 de enero de 1882 la pronuncia el socio Baldomero López Arjonilla bajo el tema "Autonomía y pacto" (*Revista Social*, 36, 09/02/1882, pág. 4).

7. *El Socialismo*, 32 (31/05/1887), pág. 5.

8. El origen puede estar en los prisioneros de La Internacional en Ceuta que desean practicar la instrucción y, para ello, idean el simplificar la gramática, con lo que suprimen letras y unifican sonidos. *La Federación*, de Barcelona, lo trata con amplitud.

5. SOCIEDAD CIVIL

1. *Boletín de la FRE*, 24 (26-VI-1873), pág. 2; más completa en *El Bien Público*, 100 (Mahón, 1-VII-1873), pág. 2.

2. El Grito del Pueblo, 10 (9-IX-1886), pág. 8.

3. *Bandera Social*, 42 (04/12/1885), pág. 3.

4. *El Chornaler*, 22 (17/05/1884), pág. 4.

5. Cambia su nombre por el de Salvochea en la Segunda República.

6. La *Real Orden* de 28/02/1882 obliga a los ayuntamientos a construir cementerio para no católicos.

7. Creado con el impulso de Pilar Álvarez, su madre; al inicio destaca la librepensadora Amalia Carvia Bernal, con discursos sobre la mujer, reproducidos en *El Socialismo*; se consideraba hija espiritual de Salvochea, a quien le unía «dulce amistad».

8. *El Imparcial* (09/03/1883), pág. 2; *El Guadalete* lo reproduce. *Et sic de ceteris* habla de varios documentos al respecto, incluidos los de anulación de enlaces, como el de la Cuca que solicita separarse de su marido, que la prostituye, para vivir con un federado.

9. *Bandera Social*, 90 (09/12/1886), pág. 4.

6. AÑOS DE DESCONCIERTO. 1885-1889

1. Sabemos el nombre de 20 de ellas; helos aquí: Águeda Barea Borrego, Manuela Pino Asensio, Aurora Marín Nieto, Vicenta Vasquez Jiménez, Francisca Chacón Pérez, Ana Rodríguez Ramírez, María Isabel Ruiz Gil, Manuela Gómez Riveras, Cristina Baños Savorido, Eduarda Moreno Montero, Bernardina Ríos Zapata, Victoria González Urtado, Úrsula Sánchez Barea, Florentina Palacio Ríos, Ignacia Orellana Montes, Adelaida Vázquez Rios, Josefa Sánchez Savorido, Cándida Salido Avilar, Teresa Pérez Gallardo, María Pérez Gallardo.

2. Hasta la instauración del 1.º de Mayo en 1890, la fecha por excelencia del anarquismo es el 18 de marzo, día de la proclamación de la Comuna de París en 1871.

3. "El 18 de marzo en Sevilla", *La Solidaridad*, 32 (24/III/1889), pág. 1.

4. Se celebra en Barcelona en noviembre de 1889. Se abre suscripción para este premio.

5. *El Productor*, 84 (16/03/1888), pág. 4.

6. "Actos civiles", *Bandera Roja*, 4 (06/07/1888), pág. 2.

7. *El Socialismo*, 49 (04/06/1888), pág. 4.

8. *Tierra y Libertad*, 11 (16/10/1888), pág. 4.

9. El no disponer de ejemplares de *Crónica de los Trabajadores de la Región Española, 1885-1887*, impide concretar hasta qué extremo.

10. Un nombre común es el de Los Desheredados y, después, Once de Noviembre y Primero de Mayo, aunque son muy variados. Entre las localidades nuevas destaca el Grupo Justicia en Alganirejo o Los Defensores de la razón en Algatocín.

11. *El Productor*, 57 (02/09/1887), pág. 1; detenciones Grazalema, página 3.

12. "La huelga de Málaga", *La Alarma*, 25 (08/08/1890), pág. 2.

7. CODA FEMENINA. HACIA FIN DE SIGLO

1. En Espejo, por ejemplo, se constituye un grupo colectivista de agricultores en 1890.

2. Con 71 hombres más aportan 12,40 pesetas para el delegado a la Conferencia de Chicago, por creerlo lugar emblemático para la Revolución (*El Productor*, 351, 18-V-1893, pág. 4).

3. "Causa y sentencia del comunista anárquico Fermín Salvochea", *La Tribuna Libre*, 1 (23/12/1891), pág. 3.

4. En los listados de Ubrique y Lebrija abundan las "Su compañera", al lado del nombre varón.

5. José Morales, Mitin Feminista, *La Protesta*, 94 (08/08/1901), págs. 1-2.

ÍNDICE ONOMÁSTICO

ÍNDICE TOPONÍMICO

ÍNDICE

COLOSSUS
col·lecció
bressol de l'anarquia

TÍTOLS PUBLICATS

CALUMNIA

Esta primera edición de
Obreras anarquistas y sociedad en torno a La Mano Negra.
Andalucía, fin de siglo
de IGNACIO C. SORIANO JIMÉNEZ
se publicó el día 14 de junio de 2024
140 años después de las ejecuciones
de la Mano Negra, a garrote vil,
que tuvieron lugar en la plaza del mercado de Jerez de la
Frontera